O SABOR DA JACA

Editora Appris Ltda.
1.ª Edição - Copyright© 2020 dos autores
Direitos de Edição Reservados à Editora Appris Ltda.

Nenhuma parte desta obra poderá ser utilizada indevidamente, sem estar de acordo com a Lei nº 9.610/98. Se incorreções forem encontradas, serão de exclusiva responsabilidade de seus organizadores. Foi realizado o Depósito Legal na Fundação Biblioteca Nacional, de acordo com as Leis nos 10.994, de 14/12/2004, e 12.192, de 14/01/2010.

Catalogação na Fonte
Elaborado por: Josefina A. S. Guedes
Bibliotecária CRB 9/870

T968s
2020
	Tuzzo, Simone Antoniaci
	   O sabor da jaca / Simone Antoniaci Tuzzo.
	   - 1. ed. – Curitiba: Appris, 2020.
	   115 p. ; 21 cm – (Artêra)
	
	   Inclui bibliografias
	   ISBN 978-85-473-4194-7
	
	   1. Memória autobiográfica. 2. Saúde.
	   3. Doenças – Psicologia. I. Título. II. Série.
	
	                                         CDD – 808.06692

Livro de acordo com a normalização técnica da ABNT

Editora e Livraria Appris Ltda.
Av. Manoel Ribas, 2265 – Mercês
Curitiba/PR – CEP: 80810-002
Tel. (41) 3156 - 4731
www.editoraappris.com.br
Printed in Brazil
Impresso no Brasil

Simone Antoniaci Tuzzo

O SABOR DA JACA

FICHA TÉCNICA

EDITORIAL	Augusto V. de A. Coelho
	Marli Caetano
	Sara C. de Andrade Coelho
COMITÊ EDITORIAL	Andréa Barbosa Gouveia (UFPR)
	Jacques de Lima Ferreira (UP)
	Marilda Aparecida Behrens (PUCPR)
	Ana El Achkar (UNIVERSO/RJ)
	Conrado Moreira Mendes (PUC-MG)
	Eliete Correia dos Santos (UEPB)
	Fabiano Santos (UERJ/IESP)
	Francinete Fernandes de Sousa (UEPB)
	Francisco Carlos Duarte (PUCPR)
	Francisco de Assis (Fiam-Faam, SP, Brasil)
	Juliana Reichert Assunção Tonelli (UEL)
	Maria Aparecida Barbosa (USP)
	Maria Helena Zamora (PUC-Rio)
	Maria Margarida de Andrade (Umack)
	Roque Ismael da Costa Güllich (UFFS)
	Toni Reis (UFPR)
	Valdomiro de Oliveira (UFPR)
	Valério Brusamolin (IFPR)
ASSESSORIA EDITORIAL	Renata Cristina Lopes Miccelli
REVISÃO	Cindy G. S. Luiz
PRODUÇÃO EDITORIAL	Lucas Andrade
DIAGRAMAÇÃO	Daniela Baumguertner
CAPA	Giuliano Ferraz
COMUNICAÇÃO	Carlos Eduardo Pereira
	Débora Nazário
	Karla Pipolo Olegário
LIVRARIAS E EVENTOS	Estevão Misael
GERÊNCIA DE FINANÇAS	Selma Maria Fernandes do Valle

Dedico este livro ao meu pai, Nelson, e à minha cunhada, Marcia Regina, que lutaram dignamente contra o câncer, partiram mais cedo do que eu pude imaginar e deixaram-me com muita saudade.

A minha busca pela superação é também por eles.

Quando o diagnóstico era de câncer,

escrever foi a forma que encontrei para soltar a voz,

para gritar em silêncio;

para abafar em palavras o que me sufocava em acontecimentos...

e, assim, nasceu este livro.

Simone Antoniaci Tuzzo

APRESENTAÇÃO

Escrever para quê e para quem?

Este é um texto real a partir de um diagnóstico de câncer.

Um capítulo de minha vida que não escolhi experimentar, mas que me transformou e fez-me ver coisas que, antes, pareciam obscuras, fez-me mudar o ritmo, as prioridades, as percepções e as importâncias.

A decisão de expressar os sentimentos advindos dessa experiência se pauta em vários pontos. Um deles foi o desabafo necessário em momentos que se pensa que não há nem como falar, tampouco para quem. Assim, este livro foi a forma que encontrei para fazer uma terapia solitária, conversar comigo mesma, conversar com o papel, deixar a energia fluir pelos dedos e digitar.

A decisão de escrever veio muito antes de imaginar que isso poderia se tornar um livro, pois, no começo, eu escrevia para mim, para lembrar daquilo que preferia esquecer; para registrar uma memória nova, inesperada, tumultuada... uma mente em erupção causada por um episódio de dor, sofrimento, angústia, tristeza, mas também de força, esperança, inquietação, luta e a busca pela vitória.

Escrever foi a forma que encontrei para soltar a voz, para gritar em silêncio; para abafar em palavras o que me sufocava em acontecimentos.

Escrevia quando era possível, quando o corpo reagia, quando as forças não estavam inexistentes. Este livro, portanto, não foi escrito na forma linear como hoje se apresenta, mas em formato de confissões aleatórias, daquilo que eu sentia a cada dia e que, depois, precisou ser arrumado em uma ordem que fizesse sentido para quem lesse.

Como professora, pesquisadora e escritora, essa foi uma experiência inusitada, tendo em vista que estou muito acostumada a entrevistar pessoas, colher depoimentos, descrever relatos de pesquisas onde a minha posição é de observadora, analista, estudiosa, cientista.

Estar como protagonista desse episódio, escrever sobre as minhas impressões e vivência mudou meu local de fala, minha interpretação e minha forma de escrever.

Escrever também me colocava nas cenas não somente como paciente, como membro passivo, mas dava-me uma visão necessária de controle, de um ser em atividade que, somada a tudo o que eu precisava realizar, como a administração do tratamento; comparecimento aos locais como clínicas, consultórios e laboratórios; cuidados em casa; alimentação; repouso e tudo o que envolveu os dias e as noites desse episódio; também me transformava na atriz principal, a dona da história.

Escrever não é somente um desabafo, mas é colocar em palavras o que vem do coração e da mente. É extrapolar a relação das coisas e, ao expressá-las, mostrar que a importância não está nelas, nas coisas, como o tratamento, os objetos utilizados durante o processo, os medicamentos; a ênfase não está nas cirurgias, tampouco nas consultas, mas a ênfase está em mim, em tudo aquilo que as coisas provocam em um organismo que precisa reagir, precisa voltar a ser pleno e saudável. A ênfase, assim, está no fim, na cura, e não nos meios utilizados para a sua busca.

A ideia de colocar em palavras tudo o que aconteceu tem também a intenção de me aproximar de outras pessoas que passaram ou que passam pela mesma situação e, assim, também deixar a minha impressão, a forma como resolvi e passei pelo diagnóstico, pelo tratamento, por experiências, sintomas e locais tão comuns àqueles que se encontram na mesma condição. Com isso tentar provocar a verbalização delas e construirmos uma rede de conhecimento e experiências que, de alguma forma, possa ser útil.

Por fim, expresso esse sentimento em forma de texto para aqueles que, espero, nunca precisem passar por isso, mas... nunca se sabe.

PREFÁCIO

A saúde como uma escolha

O que é a saúde?! Por muito tempo, ela foi conceituada exclusivamente como a ausência de doença. Se não estou doente, estou saudável. Mas isso é tudo o que significa estar saudável?! Almeida Filho (2011), no esforço de demonstrar a abrangência da saúde, apresenta uma mandala, expondo que um indivíduo que roga de boa saúde está bem nas dimensões física, emocional, espiritual, intelectual e social. Não seria, então, somente não estar debilitado fisicamente, e sim muito além: ter um equilíbrio entre esses pontos, em que um contribui para o outro, formando um ser humano saudável.

Fatalmente, nossos sentidos sobre saúde só são acionados em situações de sua ausência. Em momentos em que a eminência de uma doença, ou o diagnóstico confirmado de tal, é jogada em nossa face. Nesse momento, assim como Simone deixa bem claro durante toda sua obra, há a escolha. Esse, talvez, seja o elemento mais importante em toda a sua trajetória narrada. O fato de ser uma escolha. Enxergar o copo meio cheio ou meio vazio é uma opção empreendida pelo olhar de quem o beberá, definindo também qual é o conteúdo que ali se apresenta – se o mel ou o fel.

Nem sempre temos a condição de escolher sobre a saúde física, devido às fatalidades, mas sobre todas as outras partes que compõem o ser saudável temos maior autonomia, contribuindo para nos sustentar em momentos mais difíceis, o que fica muito claro durante esta obra que o leitor tem em mãos.

Por isso, essa é uma narrativa forte, de uma mulher extraordinária, professora, pesquisadora, relações públicas, mãe, esposa, irmã, amiga, e tantos outros papéis que exerce com maestria.

Este livro é um aprendizado não só para as pessoas que porventura lerem em situações semelhantes, mas também para aqueles que cuidam. Os profissionais e gestores de saúde podem aprender com cada momento narrado por ela nessas páginas com acertos e oportunidades de melhoria que o sistema de saúde possui, independentemente do perfil – público, privado ou filantrópico. E a premissa básica de todos esses ensinamentos é o de olhar para o ser humano que está à sua frente como outro ser humano, como apregoa Carl Gustav Jung, psiquiatra pai da psicologia analítica. Dessa forma, não serão enfrentados ruídos comunicacionais, visto que, para cada situação, o emissor se adaptará ao receptor e às suas necessidades no momento.

A autora destaca isso de forma incrível em seu texto: os sentidos percebidos na assistência por parte do paciente não são só sobre o que lhe é dito, mas da esfera de tudo aquilo que o cerca, dos seus anseios e desejos mais profundos. Certamente, não adianta apenas um espaço de saúde humanizado e com conforto ou o profissional de saúde com empatia. São essas duas coisas e mais a experiência individual do paciente durante sua jornada, que é única.

Esta obra também valoriza e demonstra a importância do recurso discursivo como aspecto terapêutico, contribuindo para impactar ainda mais pessoas por meio da experiência do indivíduo que dá seu testemunho de superação. Por falar em superação, poucos pensam sobre a estrutura dessa palavra, porém cabe aqui uma reflexão muito comum na atualidade. Para que se supere algo, de fato, é necessário uma *super + ação*.

Em outros termos, uma atitude acima do esperado, algo que lhe retira da zona habitual de conforto, uma prática que outrora acreditaria não ser possível... e assim o foi. Simone transgrediu seu próprio diagnóstico e impôs seu destino de saúde, pautada na força divina e espiritual que lhe acompanhou nesse processo, e em toda sua vida. Propôs sua programação mental e energética, e seguiu firme.

A perspectiva espiritual torna-se mais um ponto essencial dos capítulos construídos. Até algumas décadas, trabalhava-se exclusivamente com a avaliação do coeficiente intelectual das pessoas, o famoso "QI". Mais recente, já se falava do coeficiente emocional (QE), responsável por tornar possível a colaboração e a convivência social. Atualmente, percebe-se que pessoas com maior potencial de desenvolvimento em qualquer área possuem também um coeficiente espiritual (QS) elevado, pois possuem propósito. A fé que movimentou e acolheu a professora em sua trajetória de degustação da jaCA foi sustentada por seu propósito de vida, de amor e dedicação à família, aos amigos e aos alunos.

Outro traço majestoso de sua narrativa é a valorização do trabalho voluntário. A caridade, em todos os seus aspectos, é uma ação contagiante e que contribui diretamente com a melhora das pessoas que estão aptas a receber tais ofertas de carinho, em suas variadas formas. A autora em seu período como "paciente" recebeu o acalento de músicos que são voluntariados na unidade de saúde em que ela passou durante os procedimentos cirúrgicos e isso transformou sua experiência.

Por isso e por tantas coisas, este não é um livro sobre uma doença, é um relato de uma pessoa que escolheu ser saudável e teve a disciplina para alcançar esse feito. Simone é um exemplo real da efetividade da fé com ação[1], ao demonstrar sua superação frente ao desconhecido sabor da jaCA.

J. Antônio Cirino

Doutor em Comunicação e Sociabilidade (UFMG), em estágio pós-doutoral em Comunicação e Cultura (UFRJ). Autor do livro "Gestão da Comunicação Hospitalar e coordenador científico do Manual do Gestor Hospitalar".

---

[1] "Assim também a fé, se não tiver as obras, é morta em si mesma" (Tiago 2:17).

SUMÁRIO

PARTE 1
O SABOR DA JACA 17

PARTE 2
A DESCOBERTA 23
   O início do tratamento 33
   Carinho contagiante 36
   A volta pra casa depois da cirurgia 40
   Os profissionais do tratamento 42
   A fé 44
   O apoio da família e dos amigos 45
   A vida imita a arte (A vida é bela) 51

PARTE 3
A NOVA DESCOBERTA 53
   Carinho "super" contagiante 60
   Os (novos) profissionais do tratamento 61
   Equipamentos, Medicamentos, Rádio, Químio, Físio e seus diversos efeitos... 65
   A fé que (não) se abala 74
   A continuidade do apoio da família e dos amigos 76

PARTE 4
CARTAS E MENSAGENS 83
   Carta aos meus filhos 83
   Meu carinho aos meus amigos e familiares 88
   Mensagem aos meus alunos 90
   Gratidão aos profissionais da medicina 98
   Carta ao meu marido 100

PARTE 5
E POR FIM, QUAL É O SABOR DA JACA? 105
   A vida que segue 106

REFERÊNCIAS 109

APÊNDICE 111

Parte 1

O SABOR DA JACA

Em 2010 li um texto do educador, palestrante e escritor Tom Coelho, chamado "o sabor do saber" que ele havia escrito em 2003. Inspirada nas palavras que conectavam duas paixões que eu também cultivo, quais sejam, o sabor e o saber; ou, a educação e o paladar, resolvi escrever um texto opinativo, motivada pelas minhas inquietações sobre as sensações que a vida nos apresenta e as múltiplas formas de aromas, sabores, tatos, visões e sons. Sentir é precioso e ao mesmo tempo é único, singular, próprio de quem sente.

Sentimentos e sentidos não são fáceis de explicar, porque as construções discursivas são feitas a partir de uma escolha de palavras que nem sempre são capazes de expressar um fato, o texto limita-se ao repertório de uma experiência de vida e as comparações e analogias são empregadas para tentar facilitar a compreensão, mas a verdade é que nem todas as palavras são capazes de traduzir o que é do coração.

Além disso, há o receptor, que, ao ter em mãos um conjunto de palavras chamado texto, tentará interpretá-lo a partir de seu repertório e de sua experiência de vida. Por isso, escrever o que se sente é sempre uma tentativa de expressão para alguém que terá uma tentativa de interpretação.

A seguir, reproduzi os parágrafos introdutórios que escrevi em 2010 para que seja possível começar a compreender o que digo sobre explicar os sentidos e com isso compreender o título desta obra!

***

Nunca comi jaca. Não gosto do aroma e, por isso, imagino que não gostarei do sabor. Aliás, há vários sabores no mundo que nunca experimentei. Alguns por opção minha, outros por falta de oportunidade e outros por falta de conhecimento de sua existência.

Inútil alguém tentar explicar-me esses sabores, porque, para mim, só faz sentido aquilo que posso experimentar, viver, sentir e comparar com o que eu já conhecia. Além disso, posso dizer se gosto ou não gosto, se é melhor ou pior do que as minhas experiências anteriores.

Tente explicar para alguém a brisa do mar, o cheiro da flor, o toque do veludo, o sabor da amora e da jaca, a cor das estrelas! Essas, sem dúvida, serão explicações cheias de tentativas de comparação, de associação, de formas de verbalizar o que não se explica em palavras, mas que se sente e que é próprio de quem experimenta, carregado de valores e subjeções absolutamente indescritíveis.

Sabor e saber são sentidos e sensações que precisamos viver, experienciar! Certa vez, o escritor José André da Costa afirmou que a síntese entre sabor e saber é a sabedoria. O significado humano do sabor e do saber está em aprender a fazer a dialética do amor à sabedoria e da sabedoria do amor.

Com o conhecimento é assim também, ou seja, a educação precisa ter sabor.

Tom Coelho (2003) mostra-nos o quanto é curioso constatar isso quando desvendamos pela etimologia das palavras sabor e saber e constatamos que elas possuem a mesma origem no verbo latino sapere. Para o autor, "O conhecimento é para ser provado, degustado. É como se a cabeça (o estudar) estivesse em plena consonância com o coração (o gostar)".

E, assim, deixar fluir, aprender e saborear com a mente, a boca e o coração...

***

Hoje, em 2019, ao ler este texto de 2010, não poderia imaginar que o seu sentido extrapolaria a sua criação e que eu tentaria colocar em palavras um sentimento tão intenso quanto o de uma doença. Isso me mostra o quanto é difícil compreender o sabor da jaca.

Hoje, entendo que a jaca, neste caso, não é só uma fruta, ela é uma metáfora de nossas experiências ainda não vividas, boas ou ruins, prazerosas ou instigantes, alegres ou inquietantes... não importa, a jaca é o novo, é o nosso desafio!

Não por acaso (porque creio que isso não existe sob nenhuma hipótese) o nome da fruta reportou-me, imediatamente, para um código linguístico, ou seja, ja-ca, que eu traduzi para um "já um CA", por isso a grafia em maiúsculo.

A expressão CA é usada como uma forma de omitir a palavra câncer, porque tão terrível quanto a doença é o seu pronunciar. A palavra carrega em si um estigma que transcende a própria existência da enfermidade. Dizer é um tabu, impróprio, ruim, pesado e muito desconfortável. Alguns chegam a acreditar que o fato de pronunciar a palavra poderá atrair a moléstia, deixando-os doentes instantaneamente, como se fosse um processo contagioso só pelo pronunciar. Assim, câncer é a palavra que não deve ser dita e, por isso, durante muitos anos, as pessoas limitaram-se a expressar somente a sílaba CA.

A depender da idade, da classe social, da cultura local o CA ainda é a forma utilizada para expressar a doença impronunciável. Então, muitas pessoas preferem dizer:

Fulano tem CA!

CA representa aquilo que não se pronuncia, que não deve ser dito... por isso, somente CA!

A jaCA, portanto, na metáfora que se transformou em todo o processo de compreensão e sentido do que estava ocorrendo também traz em sua grafia o próprio nome da patologia!

Como se isso não fosse absolutamente suficiente para que o nome desse livro tivesse algum sentido, em março de 2019, a psicóloga Dra. Valdirene, que me assistia e acompanhava toda a minha inquietação, ouvindo-me com atenção, carinho e profissionalismo capaz de dar um rumo aos pensamentos que jorravam de minha mente, apresentou-me um caso muito interessante, sobre uma cidade chamada Jaca.

Jaca é um dos locais por onde passa o Caminho de Santiago, um município da província de Huesca, capital da comarca de La Jacetania, na comunidade autônoma de Aragão, na Espanha. A cidade tem forte apelo turístico voltado para os esportes de inverno e possui pouco mais de 13 mil habitantes.

Essa História da Cidade de Jaca começa no final dos anos 1970, com um grupo formado por mulheres, em uma Espanha que, como em qualquer lugar do mundo, percebia que as pessoas passavam a observar com mais frequência a existência de uma terrível doença: o câncer!

Uma enfermidade cujo nome não se podia nem pronunciar. Uma moléstia muito desconhecida, cujos tratamentos eram escassos e agressivos. Em Jaca, como em tantas outras cidades da Espanha algumas pessoas começaram a preocupar-se em arrecadar fundos destinados a ajudar os afetados, as famílias, o avanço das pesquisas e a criação de novos tratamentos.

As mulheres começaram reunindo-se primeiramente em suas residências, para decidirem o que fazer e depois saíram às ruas, montaram pequenas barracas de venda de flores e, como sempre ocorre, há gente boa que pouco a pouco se uniu ao projeto. Assim, os comerciantes de Jaca, diversos artistas e os meios de comunicação passaram a dar apoio. As instituições, a prefeitura da cidade, todos com um "sim" sempre como resposta a incentivar o grupo de mulheres que à frente do projeto seguiam fortalecendo a instituição de apoio que vendia flores e realizava eventos beneficentes sociais e esportivos.

Na luta por essa causa, a cidade viu passar por suas ruas diversas celebridades que apoiavam uma associação que foi crescendo pouco a pouco chegando a sensibilizar o Presidente da Câmara de Jaca, que destinou uma sede para a associação, permitindo que pacientes e seus familiares encontrassem na prefeitura um apoio psicológico.

Também o reconhecimento em forma de medalha de Honra ao Mérito à presidente da associação, uma das fundadoras do projeto e que sempre esteve à frente das atividades, desde a criação da sede da *Asociación Española Contra el Cáncer* - AECC, em 1979.

Essas mulheres orgulham-se de ver o quanto avançaram em quantidade e qualidade dos tratamentos, das pesquisas, na descoberta da prevenção, na conscientização da sociedade, na busca por hábitos saudáveis e na cura de muitas patologias.

Dessa forma, o nome do livro desenha-se em cada descoberta e, como nada é mesmo por acaso, existe a cidade e as mulheres de jaCA!

Parte 2

A DESCOBERTA

Em meados de 2018 percebi a existência de algumas aftas na língua. Fato raro, pois não é comum o surgimento de aftas em minha boca. Era mais de uma, às vezes 3 ou 4, sempre no mesmo local, no fundo da boca, na borda da língua, quase indo para a garganta, ao lado direito. Ficavam sempre atrás de tudo, atrás do que é possível ver e notar, como quem fica à espreita, sorrateiras iam e vinham, como se chegassem para me vigiar, para saber se eu estava ali. Até hoje não sei quem observava quem!

Eram pequenas, aparentemente superficiais e rasas, de coloração branca, e o incômodo parecia-me ser de aftas comuns, que no início não me despertaram nenhuma preocupação. O comportamento dessas espiãs era delicado, sutil, próprio de quem vai chegando de mansinho, de quem quer instalar-se sem causar nenhum distúrbio capaz de que alguém possa percebê-las, julgá-las e dizimá-las.

No mês de julho fiz uma viagem longa, que teve início com compromissos de trabalho e, depois, com o prazer de férias com a família pela Espanha, Portugal, França e Itália. Nesse período, às vezes as aftas apareciam, mas, às vezes, desapareciam e minha preocupação era muito maior com o passeio do que com as intrusas aftas.

Nos meses de agosto e setembro, já de volta ao Brasil e à rotina de casa e trabalho, percebi que com alguma frequência as aftas apareciam e sumiam, ora eu passava algum tipo de remédio indicado pelo dentista, ora aguardava que por si só desaparecessem. E era isso o que ocorria, ou seja, por três meses as aftas apareciam e desapareciam sem me causar nenhum tipo de preocupação mais acentuada. Porém nunca deixei de investigar o local e rotineiramente observava com a ajuda de um espelho a boca e o lugar onde as aftas haviam surgido para ver se precisava de algum cuidado, se o comportamento dessas intrusas espiãs continuava a querer ocupar-se de mim antes que eu ocupasse-me delas.

Enfim, passaram um tempo escondidas, sumidas, até que no mês de outubro, há algum tempo sem as aftas, observei pela primeira vez uma saliência na borda direita da língua, no mesmo local onde as aftas costumavam surgir.

Era de coloração rosa, como se fosse um inchaço da própria língua, indolor, mas relativamente grande, do tamanho suficiente para me deixar muito preocupada, ainda que não passasse de um centímetro. Era como um grão de feijão grudado em minha língua, esse era o formato que eu associava àquele intruso visitante, enviado pelas aftas sorrateiras. Ele era maior, mais forte, erigido e indiscreto do que elas.

Fui, no mesmo instante, à urgência médica e ouvi ainda com alguma calma a avaliação do médico de plantão que disse que aquilo sugeria algumas possibilidades e, sem fechar qualquer diagnóstico, disse-me que aquilo poderia ser um calo na língua, por exemplo.

Perguntou-me se eu falava demais e eu disse que sim, que falava muito, o dia inteiro, que era professora e que usava a voz como instrumento de trabalho. Além disso, gostava de falar e falava, muito e sempre.

Isso foi um bálsamo, um diagnóstico que, no meu caso, encaixava-se perfeitamente, e calos de língua não me pareciam ser algo perigoso. Em minha profunda ignorância fiz a associação que me era possível, a partir do repertório que eu possuía, ou seja, calos nos pés, causados pela fricção, pelo atrito de dois corpos que se esfregam, como o pé e o sapato; calos na língua causados pelo atrito da língua com os dentes. Para mim estava perfeito e parecia muito possível.

Além dessa possibilidade, o médico também citou outro nome, que até então eu nunca ouvira falar:

– Isso pode ser uma rânula.

E explicou-me que rânulas são lesões resultantes do extravasamento de saliva da glândula sublingual.

Isso também não me parecia muito preocupante e eram possibilidades absolutamente relacionadas ao meu cotidiano, à minha forma de vida. Assim, saí de seu consultório muito confiante de que se tratava de algo simples, em qualquer das duas hipóteses.

Mas o médico recomendou-me que procurasse um otorrinolaringologista para uma investigação mais assertiva, pois as suas impressões não eram resultado de um especialista, de um olhar apto a identificar casos dessa natureza com mais precisão. Indicou-me, dessa forma, um amigo, com carta de recomendação e tudo. Eu, claro, acatei a sua sugestão e imediatamente saí da urgência médica e procurei pelo profissional otorrino indicado, na certeza de que iria facilmente extrair o intruso caroço derivado das aftas que se mostrava mais ousado e querendo fazer-se notar. Para mim, bastava ir ao otorrino e, como a extração de um dente, faria a extração do calo de língua, sem maiores complicações.

Dirigi-me à clínica sozinha apesar da insistência de meu esposo em querer acompanhar-me. Disse-lhe que não era necessário, pois eu acreditava que a consulta seria muito simples e que tinha, inclusive, a ilusão de que o procedimento de retirada do caroço rosa poderia ser feito no próprio consultório, como a extração de uma verruga.

É incrível como o cérebro busca as referências que lhe são possíveis para compreender algo desconhecido.

Confiante de que tudo poderia ser resolvido no mesmo dia, dirigi-me à clínica que fica localizada em meio a tantas outras em um bairro da Cidade de Goiânia. A clínica era antiga, desde o elevador até a cor das paredes de entrada do prédio. Subi e deparei-me com um balcão infinito e muito alto que escondia uma secretária solitária e monossilábica. O local era gélido, com mobília de cor muito escura, acentuada pelas nuvens carregadas e cinzentas que me espiavam pela janela. Não havia até então percebido que o dia estava chuvoso e escuro, tudo parecia pesado, ruim.

De forma relativamente rápida, mas com atraso suficiente para que eu pudesse dar uma última observada no local, notei o piso marrom e as poltronas de couro muito desgastado. Pelo nome fui chamada pela secretária que ao se levantar demonstrou não ser muito mais alta do que o balcão infinito e levou-me até uma porta que rangia. O médico parecia experiente, pelo menos foi essa a minha impressão ao tentar calcular a sua avançada idade.

Nada me parecia bom, nem belo naquele consultório igualmente escuro, com as nuvens cinzas a continuarem a me espiar pelas janelas e uma mobília que se assemelhava à existente do lado de fora da sala.

Narrei para o otorrino, com o máximo de detalhes que pude lembrar-me, as palavras do médico que me enviara para aquele local, lembrando-me de dizer que era seu amigo e que gostaria de uma avaliação para um fechamento de diagnóstico inicial realizado anteriormente. Enquanto narrava tudo o que pude lembrar e entregava a carta de recomendação com meu nome e o dele percebi que minha fala ia ficando cada vez mais difícil e ali tive medo... e mais medo do diagnóstico preciso e direto do médico que observou por alguns instantes o intruso caroço cor-de-rosa e sem nenhum rodeio afirmou:

– Isso não é rânula, tampouco calo, mas sim é um tumor e, pela minha experiência, maligno!

As minhas pernas tremiam mais do que a velha cadeira de madeira escura e braços revestidos de um couro verde muito surrado. As nuvens que espiavam na janela não quiseram presenciar o momento e desapareceram dando lugar às lágrimas de chuva que passaram a escorrer pelo vidro antes das minhas pela minha face.

A fala do médico foi forte, direta e tão escura quanto o ambiente onde eu estava sendo atendida. Ele solicitou-me alguns exames[2], deu-me alguns papéis que, a essa altura, eu já nem estava vendo ou

---

[2] A relação dos principais exames realizados durante o tratamento está descrita nos apêndices desse livro.

lendo. Saí do consultório atônita e não sei ao certo como voltei pra casa! Acho que pelo rumo!

Cheguei em casa, abracei meu marido e chorei, chorei, chorei muito.

Mais calma, mas no mesmo dia, decidimos, eu e meu esposo, que procuraríamos por outro médico e que ouviríamos uma nova opinião.

Marcamos uma consulta e no dia seguinte fui atendida no hospital Otorrino de Goiânia. Entrei confiante da possibilidade do diagnóstico anterior estar errado, de ser um grande engano e que tudo de fato não se passava de um calo, uma rânula ou qualquer outro novo nome que não fazia parte de meu repertório, mas que faria com que aquele caroço fosse extraído de forma simples e rápida, como um dente ou uma verruga.

O hospital era lindo, claro, de mobília moderna, com muita tecnologia e de alguma forma era alegre. A secretária era gentil e as poltronas de cor azul eram relativamente confortáveis.

Tudo me pareceu bom e em um espaço de tempo não maior do que o de uma conferida nas mensagens do celular o médico abriu a porta de um dos consultórios que circulavam a retangular sala de espera e chamou-me pelo nome. Entrei acompanhada pelo meu marido tão curioso e ansioso quanto eu e passei a narrar as falas dos dois médicos que eu havia visitado no dia anterior.

O médico, Dr. Renato, era mais jovem que os anteriores, muito gentil, amável e, de forma atenciosa, ouviu com muita paciência a minha narrativa e pediu para que eu sentasse-me em uma cadeira alta, sem braços e, com a ajuda de uma lanterna, observou a minha boca e a minha língua, deixando-se conhecer pelo intruso caroço cor-de-rosa.

Depois de alguns instantes de observação o médico, que também parecia ser muito experiente, deu-me uma esperança, uma ilusão, um sopro de dias de conforto, dizendo-me que os diagnósticos advindos de exames clínicos anteriores poderiam estar certos ou estarem errados, com a mesma probabilidade, e que, na verdade, poderia ser tudo, calo, rânula, tumor, mas que para fazer qualquer tipo de afirmação ele preferia fazer uma biopsia, retirar o caroço, analisá-lo e ter certeza do que se tratava.

Saí de lá completamente diferente da forma como saí das consultas anteriores.

Narro desta forma porque precisamos compreender que a empatia de algum local ou de alguém está fortemente relacionada às nossas impressões, àquilo que transcende o físico e nos incomoda ou nos conforta pelo que sentimos e não pelo que vemos.

O primeiro consultório não era frio, tampouco tenebroso. O medo estava em mim, provocado pelas palavras e pela insegurança de um grave problema que eu não queria admitir sequer a possibilidade.

Da mesma forma, o hospital não era exatamente lindo, claro e alegre. Suas cadeiras de cor azul não eram confortáveis ou a secretária mais ou menos gentil que a primeira. Todas essas impressões estavam em mim. Provocadas por palavras e gestos que faziam com que eu me sentisse pior, ou melhor, e ofuscavam a minha forma de ver o que estava à volta.

O olhar pode ser traiçoeiro!

Ao sair do consultório, iniciei uma maratona de exames de sangue, de imagem, cardiológico e tantos outros adequados a um período pré-operatório. E tão logo os resultados ficaram prontos, retornei ao médico.

Ainda muito confiante de que tudo poderia ser resolvido com uma cirurgia simples e rápida, o médico explicou que havia duas hipóteses, quais sejam, a retirada total do caroço ou a retirada parcial para avaliação.

Se o resultado fosse benigno, bastava a retirada da parte externa do intruso, mas, se fosse maligno, eu teria que seguir para uma cirurgia mais invasiva.

Lembro-me de pedir que ele fizesse a retirada total, pois tamanha era minha confiança de que seria benigno e que eu não teria que retornar para retirar a parte que poderia ter ficado caso ele optasse por uma retirada parcial.

    Estava tudo pronto, mas havíamos chegado às vésperas do feriado de 15 de novembro, e as celebrações da Proclamação da República fizeram com que o médico adiasse a cirurgia para depois do feriado.

    Não senti medo, nem me parecia um problema esperar, pois fiquei muito confiante com as palavras do médico que afirmaram que poucos dias não afetariam o quadro e que eu poderia aguardar sem nenhuma preocupação para que ele retornasse de viagem. Dessa forma, teríamos garantido que ele mesmo poderia realizar a cirurgia e acompanhar-me no processo que ele já conhecia.

    O feriado passou e logo chegaria a data da esperada cirurgia que me livraria do intruso observador que se instalara em minha língua. Assim, finalmente, no dia 19 de novembro de 2018, ela aconteceu.

    Preparei uma bolsa com esmero e com coisas suficientes para passar apenas algumas horas no hospital. Em uma manhã clara, fui encontrar-me com o médico e sua experiência acadêmica, científica e prática capaz de resolver o incógnito problema.

    Fui caminhando para o centro cirúrgico e ali me deparei com todos os aparelhos, enfermeiras, anestesista, sons, cheiros, cores, temperatura, texturas que são próprios desse local, absolutamente inesquecíveis para qualquer pessoa que já tenha adentrado em um deles. Os centros cirúrgicos são sítios muito particulares, rodeados de uma esfera própria dos sentidos de quem o frequenta para assistir ou ser assistido.

    Lembro-me do médico irreconhecível, com as roupas verde--água e o carimbo azul do hospital. Lembro-me de sua voz abafada pela máscara já devidamente colocada e pronto para iniciar a remoção daquilo que jamais deveria ter estado lá.

    Após ter ouvido poucas frases do anestesista e da enfermeira que tentava pegar uma veia para o soro, adormeci rezando para que

Deus fosse o guia de todo aquele processo e que, ao seu término, eu acordasse, que estivesse viva e saudável.

A cirurgia foi rápida e, em menos de uma hora, eu já estava acordada na sala de recuperação com uma enfermeira ao meu lado fazendo-me algumas perguntas, entre elas, a clássica e óbvia:

– Está tudo bem? Está acordada?

Zonza, cheia de dúvidas de onde exatamente eu estava, abri os olhos e, ao ver o teto daquele local, o cheiro peculiar e a roupa da enfermeira, consegui lembrar-me do que havia acontecido, mas não conseguia falar.

Fui levada para o quarto em uma maca que, como todas as macas de hospital, produz um som próprio das rodas que deslizam com alguma dificuldade pelos estreitos corredores, batendo em algumas portas e paredes até chegar ao seu destino. São empurradas por enfermeiros que parecem fazer esforços além de suas possibilidades, mesmo tendo acima uma mulher que não pesa mais do que 50 e poucos quilos.

Meu esposo aguardava-me no quarto e narrou que tudo havia sido rápido e que se alegrava por eu já estar acordada.

Falou-me também sobre algumas ligações recebidas de familiares e amigos sedentos por informação, além de dizer gentilmente que eu estava com um aspecto maravilhoso para alguém que acabara de sair de um centro cirúrgico. Preferi acreditar!

No final da manhã o médico veio até o quarto e disse que a cirurgia tinha corrido muito bem e que a totalidade externa do caroço cor-de-rosa havia sido removida, deixando-me extremamente feliz com a notícia e a possibilidade de que, em tudo estando bem e as células contidas naquela bolha extraída da língua serem benignas, tudo estaria finalizado.

Foi meu esposo quem levou a peça indesejada até o laboratório para a biópsia e trouxe um papel com uma data que passou a ser a data mais importante de meu futuro, ou seja, a data que revelaria o que de fato estava acontecendo.

Os dias passaram...

Devagar, os dias passaram...

Cada dia que passava parecia mais longo que o anterior...

A cada dia que passava, a data de entrega do resultado parecia mais distante...

Mas, como tudo na vida! O tempo de espera também passou.

A ansiedade por abrir o papel e ver o resultado era conflituosa, um misto de querer e não querer saber, ou melhor, uma vontade de só querer saber se fosse uma resposta de tumor benigno.

Dessa forma, no dia 22 de novembro de 2018, peguei em minhas mãos um papel branco e sem vida, com impressão em letras pretas e impiedosas que revelaram que NÃO! O diagnóstico não era bom, não era do bem. Era um tumor, maligno, descrito de forma complexa, difícil de decifrar, de digerir, de aceitar, mas que, em resumo, trazia a frase:

– CEC – Carcinoma espinocelular.

Retornei ao hospital. O consultório era frio, sem graça, com uma mobília nada acolhedora, as poltronas de cor azul agora pareciam desconfortáveis e o médico outrora tão gentil e simpático pareceu-me cruel em sua descrição e encaminhamento:

– É um tumor maligno e daqui para frente aconselho que a senhora procure um oncologista.

Rabiscando um papel, seus olhos não me enxergavam, porque, é claro, ele estava muito mais preocupado com os procedimentos e o preenchimento da guia de encaminhamento. As suas palavras pareciam sair de uma enciclopédia, muito técnicas, muito duras, muito frias. Com um olhar de dor e pesar, em um misto de esperança e melancolia, enfim, o olhar na verdade era meu, de mim para ele com uma vontade de que nada daquilo estivesse acontecendo e, naquele momento, senti-me sem chão.

Na verdade, o médico continuava gentil e muito receptivo, muito acolhedor e disposto a me ajudar; é claro que os seus olhos me enxergavam, mas os meus estavam voltados para o além... além das esperanças, além das expectativas, além da alegria, além daquele consultório.

Assim, aos meus olhos, o médico que outrora fora muito amável e atencioso transformou-se em um robô de encaminhamento, preenchendo papéis e indicando médicos conhecidos e de sua confiança para que me acompanhassem.

Novamente, narro desta forma porque, na verdade, ele era e sempre foi a mesma pessoa, mas eu o enxerguei de formas muito distintas, em dois momentos muito diferentes. O seu discurso transformara-lhe, a docilidade do início ou a acidez de suas palavras finais revelavam-se pelos poros, e a beleza ou a falta dela estava naquilo que era dito em conteúdo e forma, vindos de um profissional muito qualificado e que sempre esteve pronto para fazer com que a cura fosse encontrada.

Saí do consultório em estado de choque, com um papel revelador de uma doença em uma mão, e na outra um encaminhamento para o médico que a gente nunca escolheu visitar: o oncologista!

Se existe uma palavra impronunciável que muitos escolhem chamar de CA, não menos impronunciável é a palavra oncologista!

A gente escolhe ir ao ginecologista, ao cardiologista, ao dermatologista, mas nunca ao oncologista... Nesse a gente vai por opção da vida!

Então fui! E, assim, conheci outro universo da medicina.

A clínica era linda, com cores agradáveis e curiosamente não me pareceu assustadora. Tudo era claro, como clara era a forma que tudo se revelava em minha vida. A nova fase, as incertezas, os novos desafios e a existência de uma força que nunca imaginei ter!

Isso sim era uma descoberta, não exatamente e não somente de uma doença, mas de um acontecimento em minha vida que eu teria que enfrentar. E eu escolhi enfrentar, sim escolhi, porque nessas horas a gente pode desistir, fraquejar, ignorar ou querer superar; e eu preferi a última opção, então decidi enfrentar.

O início do tratamento

Conheci, em novembro de 2018, o oncologista, Dr. Waldyr, médico do Cebrom, um centro de radioterapia, oncologia e mastologia de Goiânia, especializado em medicina oncológica. Um senhor, muito gentil, muito experiente e muito animador. Que me fez acreditar que aquele diagnóstico não era uma sentença de morte, mas uma indicação de necessidade de tratamento. E eu escolhi acreditar.

Sim, escolhi acreditar, porque a vida é feita de escolhas e naquele momento escolher acreditar era uma possibilidade de seguir em frente e uma estratégia psicológica de sobrevivência.

O médico avaliou todos os exames, o resultado da biopsia, realizou novos exames clínicos, conversou, questionou, aconselhou e, por fim, concluiu que faríamos uma cirurgia e que em casos como o meu, a melhor indicação era a cirúrgica como forma de extração dos tecidos afetados.

Mas, como ele também passava por um problema de saúde, e faria uma cirurgia em breve para correção de uma irregularidade na coluna que o impedia de ficar em pé e, consequentemente, realizar a minha cirurgia, indicou-me um amigo, médico da mesma equipe no hospital que poderia assistir-me naquele momento.

Assim fiz!

Procurei o novo médico da equipe de cabeça e pescoço, Dr. Marcio, cirurgião indicado pelo médico anterior, que também, de forma muito gentil, acolheu-me.

Médico de cabeça e pescoço, uma especialidade que, pela primeira vez na vida, ouvi falar e achei engraçado. De alguma forma, era uma especialidade esquisita... cabeça e pescoço! E com ele aprendi que essas partes do corpo são mesmo muito especiais (é claro), e por isso há especialistas específicos para elas!

Como o anterior, o médico avaliou todos os exames, o resultado da biopsia, realizou exames clínicos, conversou, questionou, aconselhou e, por fim, confirmou o diagnóstico do médico anterior, afirmando que faríamos uma cirurgia e que, em casos como o meu, a melhor indicação era a cirúrgica como forma de extração dos tecidos afetados.

Claro que uma bateria de novos exames foi solicitada e, agora, eu queria correr contra o tempo. Queria extrair tudo aquilo que não era bom, nem do bem!

Eram exames e mais exames... sangue, cardiológicos, imagens... uma busca infinita de informações sobre mim e sobre meu corpo.

Tudo certo, milhões de papéis com dados infinitos que confirmariam a cirurgia, sua necessidade, sua possibilidade. Importante salientar que nesses exames tudo se resumia a um problema na língua, sem nenhuma indicação de outras regiões da boca, do pescoço ou de qualquer parte do corpo que também estivessem afetadas por células cancerígenas. Naquele momento, saber que a língua era a única parte do corpo diagnosticada com células do mal era uma boa notícia.

No dia anterior à cirurgia, eu preparei uma bolsa com mais esmero do que a produzida para a cirurgia anterior, afinal, precisaria de coisas suficientes para passar mais do que apenas algumas horas no hospital. O tempo não seria tão longo, coisa de dois dias, apenas uma noite, mas a bagagem se amplia.

Novamente, logo nas primeiras horas de uma manhã clara (como são quase todas as manhãs de Goiânia – Goiás) fui para o Hospital Araújo Jorge, uma unidade operacional da ACCG – Associação do Combate ao Câncer de Goiás, encontrar-me com o Dr. Marcio e sua experiência acadêmica, científica e prática capaz de resolver o problema que já não era exatamente uma incógnita, mas um ponto assustador e indesejado.

E, assim, fomos, no dia 6 de dezembro de 2018, para o centro cirúrgico.

Nunca tive medo e sempre fui muito confiante para as cirurgias. Sempre pedi muito a Jesus, médico dos médicos, que fosse Ele o cirurgião a me operar e que as mãos dos médicos fossem instrumentos pelas quais Ele estaria ali, presente, operando, enxergando o que os olhos humanos muitas vezes não podem ver, extraindo o que fosse necessário e preservando o que não deveria ser retirado.

Fui caminhando para o centro cirúrgico e ali me deparei com todos os aparelhos, enfermeiras, anestesista, sons, cheiros, cores, texturas que são próprios desse local, independentemente de você mudar de hospital. E eles são, sempre, absolutamente inesquecíveis para qualquer pessoa que já tenha adentrado em um deles. Os centros cirúrgicos são locais muito particulares, rodeados de uma esfera própria de sentidos de quem o frequenta e esse também era assim, como o da cirurgia anterior, apesar de eu estar em outro hospital.

Mas, curiosamente, esse tinha uma entrada de luz que não advinha somente do enorme lustre, mas parecia vir das paredes, ou das pessoas. Poucas vezes vi tanta luz em um local.

Particularmente, uma das enfermeiras chamou-me muito a atenção. Ela falava de Deus, de seu amor pela área médica, de seu carinho com os pacientes, e era elogiada pelas demais enfermeiras que carinhosamente conversavam comigo e tentavam acalmar-me, apesar de eu já estar miraculosamente calma e tranquila.

Ali rezei muito, com toda a fé que me era possível, com toda forma de pedir que me era conhecida. Chamei por Deus, por Jesus, por anjos, santos e pela Virgem Maria. Clamei para que eles fossem os auxiliares dos médicos, dos enfermeiros e de todos que estavam naquela sala. Acreditei com toda força que todos estavam lá! E Jesus, médico dos médicos já com o bisturi nas mãos.

Os procedimentos começaram a ser feitos... e são muitos.

Oxigênio, veia, soro, batimentos cardíacos, temperatura, posicionamento na maca, pulsação, anestesista... Ui! Esse merece muita atenção.

Lembro-me de conversar muito com o anestesista e lhe pedir que a dosagem fosse muito alta, suficiente para não haver nenhum risco de eu ver ou sentir nada, nem antes nem ao final da cirurgia.

Ele sorriu com atenção e gentileza, ignorando, é claro, o meu pedido e fazendo da forma que deveria ser feito! E fez muito bem!

Lembro-me de ver o Dr. Marcio ao meu lado e com ele conversei durante milésimos de segundos até não ver ou sentir mais nada!

Acordei na sala de recuperação e estava bem.

Alguém pronunciou algumas palavras que não me lembro, como não me lembro de muita coisa daquele local. Acordei mais ou menos, meio acordada, meio dormindo sei que me levaram para o quarto em cima de uma maca cujas rodas rangiam e as laterais batiam nas portas e nos corredores, como na cirurgia anterior.

Lá estava meu esposo aguardando-me, ansioso e confiante, alegrou-se em me ver e eu alegrei-me também por ver que estava viva.

Não sentia dores, mas sentia um desconforto, apesar do quarto confortável, claro e calmo.

Ouvi a narrativa de meu esposo sobre o que havia ocorrido desde a minha entrada no hospital, o processo de internação, a seleção do quarto e tudo o que ele havia vivido naquele hospital enquanto eu estava no centro cirúrgico.

Sempre há mais de um lado. Um acontecimento tão impactante não impacta somente uma pessoa. Há sempre mais de um lado, outros que vivem a realidade a seu modo, da forma que conseguem participar, e, assim, também vão construindo as suas histórias e alterando as suas vidas.

Carinho contagiante

Durante essa estada no hospital, no dia 6 de dezembro de 2018, quando foi realizada a cirurgia para extração da parte da língua onde as células do mal estavam localizadas, conheci um grupo de anjos que vivem na Terra em formato de cantores e músicos.

Por voltas das 20 horas, eu estava acordada, mas descansando e rezando sozinha na cama do hospital, porque meu esposo, que me acompanhava durante todos os momentos, havia saído para tomar um lanche e ver meus filhos, que haviam ficado em casa.

Foi nesse momento que ouvi uma música religiosa.

Levantei-me e abri a porta para ampliar o som que me parecia vir do corredor.

Com uma luz baixa, mas suficiente para iluminar com delicadeza o ambiente pude visualizar um grupo de músicos e cantores com jalecos branquíssimos que caminhavam e adentravam nos quartos que lhes eram permitidos e cantavam, lindamente ao som de um violão e de um violino doces, como raramente pude ouvir. Pareciam harpas de anjos.

Ao som daquelas melodias eu fixava meu olhar naquelas pessoas que com suas vozes, arte e aconchego pronunciavam muito mais do que as letras das músicas. Pelos gestos lentos e cheios de sentimento e pelo olhar de carinho nos diziam que estavam ali, conosco, para ajudar, para dizer que não estávamos sozinhos, que havia força para seguir e motivos para não desistir.

Em seus anonimatos, aquelas pessoas diziam-me para ter fé, coragem e esperança.

Eu chorava e vivia aquele momento com muita intensidade até que uma das cantoras se aproximou e pediu que eu cantasse com ela: Cante!

Mas eu não podia, a cirurgia na boca impedia-me de emitir qualquer som que não fosse o soluço das lágrimas que corriam pela face. E sem dizer uma palavra ela entendeu-me, deu-me a mão e, acompanhada pelo mais doce violino, cantou lindamente uma música, que eu já tinha o hábito de cantar, mas cuja interpretação advinda daquela voz de anjo eu jamais esquecerei:

Faz Um Milagre Em Mim
(Regis Danese)

[...]

Entra na minha casa, entra na minha vida
Mexe com minha estrutura, sara todas as feridas
Me ensina a ter santidade
Quero amar somente a Ti
Porque o Senhor é meu bem maior
Faz um milagre em mim

Ali permaneceram por algum período que não se mede com o relógio, mas com a intensidade daquilo que representaram. Foi o tempo suficiente da minha emoção, da minha esperança, do meu encontro com Deus!

Fisicamente, seguiram inspirando e nutrindo de amor e paz outros pacientes, pelos vários corredores do hospital. Eu acompanhava-os ouvindo o som e, nos momentos em que era possível, também voltava a vê-los pela janela do quarto que permitia a vista para o interior do prédio e outros corredores dentro da construção.

Logo em seguida meu marido retornou ao quarto e eu queria muito lhe explicar tudo o que eu havia vivido, mas sem o poder das palavras, fazia gestos pedindo que ele escutasse a música e olhasse através da janela para também ter aquela sublime visão do carinho que flutuava pelos ares.

No dia seguinte, pela manhã, tive alta do hospital, mas prometi a mim mesma, que, assim que voltasse a falar, retornaria para me encontrar com aqueles seres humanos de muita luz para agradecer o benefício que me fizeram e que, provavelmente, nem tinham noção do quanto ajudaram a me salvar!

Um mês depois retornei ao hospital, no mesmo dia da semana em que havia sido operada, ou seja, em uma quinta-feira ao final da tarde, quando essa transformadora equipe se reunia para começar a apresentação, a arte da cura.

De forma muito gentil, eles me receberam, abraçaram-me e pudemos conversar pelo tempo suficiente de eu não atrapalhar a doce rotina. E pude ver e sentir o quanto era bom para eles saber da importância que tinham, da relevância do trabalho e da forma como impactam as pessoas. No anonimato de sua ação nem sempre podem voltar a ver as pessoas que foram assistidas e essas pessoas, na correria de suas caminhadas, na prioridade que imprimem em seu dia a dia, nem sempre se preocupam em dizer o que sentiram, porque a vida é mesmo assim, a gente passa e muitas vezes não se dá conta de voltar, mas deixo aqui a minha mensagem para que os pacientes, sempre que possível, digam e agradeçam por tudo que esses voluntários nos fazem de bem.

Muitas vezes tão importante quanto sentir o que se ouviu, é dizer o que se sentiu!

Ali descobri que o grupo se chama Carinho Contagiante. Ao conhecer o nome, percebi que não poderia haver um título mais representativo para aquelas pessoas. Nomes são códigos linguísticos que às vezes fazem uma referência ao seu objeto, mas às vezes não. Neste caso, a relação era perfeita entre o nome e o significado, o termo e o que representavam. Trata-se de um signo icónico.

Essas pessoas possuem um dom e um desapego divino. Deixam suas casas, seus afazeres, suas rotinas, para, de forma gratuita e sem querer nada em troca, alimentar a alma de desconhecidos.

Compreendem que para fazer o bem, basta que a gente queira, porque o mundo está repleto de pessoas carentes, que em cada momento da vida carecem de algo, de afeto, de amor, de respeito e de carinho.

O trabalho que ali presenciei também não se descreve em palavras, é algo do sentir e que precisa ser vivido, experienciado. Esse trabalho também não possui o mesmo significado para todos, posto que é vivido com o coração e com o sentimento que mais aflora em cada um que compartilha e cada um que recebe.

Mas há sempre um impacto, uma experiência, um fazer bem.

Danilo Fernandes de Oliveira foi a pessoa com quem primeiro pude conversar porque foi o primeiro a chegar para aquela quinta-feira em que fui conhecê-los e abraçá-los. Ele ouviu-me e também me falou sobre o trabalho voluntário que realizam em mais de um hospital, com adultos e com crianças. Logo chegaram os colegas artistas, músicos e cantores, Luzia Frauzino Pereira; Mariana de Moraes Alves; Juliana da Silva Guimarães; Karlla Marins Trindade; Jorge Alberto Vaz da Silva Júnior; João de Deus Moraes Filho; e Alexandra Barbosa Tavares. Para eles deixo aqui a minha homenagem, a minha emoção. A eles serei eternamente grata!

A volta pra casa depois da cirurgia

Voltei para casa sem poder falar, mas me sentia bem.

O período de recuperação e cicatrização do local foi mais longo do que eu havia imaginado.

Na verdade, fiz uma cirurgia a laser e, no meu imaginário, a recuperação seria imediata, já que o laser permite uma cicatrização muito mais rápida. O próprio médico, ao narrar a tecnologia a laser, antes da cirurgia, fez-me crer que a recuperação seria quase que imediata... Mas não é bem assim.

Aprendi que o tempo do médico não é o meu tempo. Para ele, após uma cirurgia dessa magnitude, dias e meses significam pouco tempo. Para mim, horas e dias significam muito tempo, semanas e meses significam um tempo infinito. Enfim, a cicatrização foi acontecendo no tempo que deveria ser.

Pude alimentar-me desde o primeiro dia pós-cirurgia, via oral, com restrições a uma dieta líquida que eu tomava com cuidado e muito medo, mas fui seguindo, com sucos, sopas líquidas e sorvetes. Mesmo assim, sempre utilizando somente uma parte da boca, ou seja, o lado esquerdo, já que a cirurgia foi feita do lado direito da língua.

Como qualquer reinício, foi preciso aprendizado para comer, para voltar a falar, para voltar a ter coragem de não ferir, não machucar.

A comida era líquida, papinhas de bebês, sopinhas, *milk-shakes*, que, aos poucos, foram ganhando alguma consistência e ficando mais fortes, enquanto eu também me permitia ter força para me acostumar com a nova realidade de outra forma de higienização bucal, mastigação e fala com uma língua que acabara de ser mutilada.

Cada dor, cada novo sentido físico era uma experiência de surpresa, dúvida e aprendizado.

Os dias foram passando e enquanto me recuperava resolvi enfeitar a casa para o natal. Lembrem-se de que a cirurgia aconteceu no dia 06 de dezembro e em breve a noite de natal chegaria e com ela o nascimento de Jesus, a esperança e a fé!

A cada enfeite colocado nas paredes da casa, no pendurar de cada bola amarela na árvore verde, em cada Papai Noel, guirlanda e luz colorida minha esperança também foi sendo depositada naquela nova fase, naquele enfeitar a casa e enfeitar a vida e, assim, também iluminar o caminho.

Gosto do Natal e acredito no Papai Noel. Sim, acredito naquele sentimento de infância de que o Papai Noel existe na minha crença e na minha esperança de vê-lo e de que ele me traga sempre o presente desejado.

Em natais de outrora, já foi uma boneca, um brinquedo de pilha, um jogo de tabuleiro, mas no natal de 2018, o presente desejado era a cura e a restauração da saúde.

E eu pedi muito isso ao Papai Noel, escrevi uma carta imaginária de agradecimento e depositei aos pés da árvore para que ele a pegasse quando viesse trazer o sonhado e valioso presente.

E ele trouxe. Ao seu modo, do seu jeito... e eu, do meu modo e do meu jeito, compreendi.

A ceia de Natal foi produzida e celebrada com a família, do jeito tradicional, como aqueles de comercial de pernil e peru de natal que a gente vê na televisão. A mesa posta, enfeitada de vermelho, verde e dourado. Os melhores talheres e porcelanas. Os melhores cristais e as comidas que remetem a esta época própria de final de ano. Já disse... gosto do natal.

Para mim, as bebidas e as comidas eram um pouco diferentes, pois, apesar de eu imaginar que na ceia de natal o local da cirurgia já estaria completamente cicatrizado, as coisas não funcionam exatamente desta forma e minha língua, minha boca, ainda estavam muito sensíveis e eu, com receio de que algo pudesse ferir o local.

Comi e bebi com muita gratidão a Deus, não exatamente o que queria comer e beber, mas o que era permitido e possível. Sem revolta ou tristeza, somente com a gratidão de viver mais um natal com minha linda família, com a alegria de estar com meus filhos, minha mãe e meu esposo.

A espera do ano novo foi ofuscada por uma espera que era mais cobiçada naquele final de ano, pois mais importante do que o dia 31 de dezembro, em meu calendário pessoal, era o Dia de Reis, era o dia 6 de janeiro, o dia em que eu voltaria ao médico para saber se tudo estava bem.

Eu sentia-me bem, sentia progresso, mas a gente quer ouvir isso de um especialista, alguém que veja o local da cirurgia, a boca, o meu corpo e diga:

– Sim, está perfeito!

Além disso, ainda existiam exames a serem feitos e procedimentos a serem executados.

Assim, o dia 31 de dezembro foi aguardado com ansiedade, fé e esperança de encerrar um ano que foi maravilhoso, mas que me trouxe uma página de história que eu não sabia muito bem como lidar.

Trinta e um de dezembro, dez, nove, oito, sete, seis, cinco, quatro, três, dois, um... Feliz ano novo! Que venha 2019 e com ele a renovação das histórias, das células, da vida!

Os profissionais do tratamento

Estar segura com os profissionais que nos cerca e nos assiste é fundamental. Entregar-se nas mãos daqueles que possuem o conhecimento de algo que nos é obscuro é um exercício de confiança e esperança.

Em novembro, a cirurgia foi feita por um médico em um hospital especializado de Goiânia. Um médico que me despertou total confiança e conhecimento sobre o que estava fazendo.

No dia 6 de dezembro de 2018, fui operada em outro hospital de Goiânia, mantido por uma instituição filantrópica, referência no tratamento oncológico no estado de Goiás. O cirurgião era muito atencioso, muito experiente e sempre me transmitiu uma grande confiança sobre tudo o que estava fazendo. Cada conduta, cada indicação, cada cirurgia.

A forma como sempre conduziu o tratamento, as indicações, os conselhos e a forma profissional e humana que me tratou em cada etapa fez com que eu sentisse-me segura, mas, sobretudo, sempre me fez acreditar que seria possível. E essa crença foi vital para que tudo corresse bem e mantivesse-me firme e forte.

Além deles, as enfermeiras, os anestesistas, os técnicos dos laboratórios, os profissionais de cada um dos hospitais foram muito importantes nessa busca da cura. Em cada olhar de cuidado de cada um deles, cada um a seu modo, sempre me transmitiam uma sensação de esperança e de possibilidade de seguir a vida.

Todos eles sempre lidaram com a saúde e com um ser humano em busca de recuperação, nunca trataram a doença, porque doença a gente não trata, doença a gente elimina, a gente trata mesmo é do ser humano para que ele livre-se da doença e chegue à cura.

A fé

Esperança é um conteúdo que não está ao alcance de nossas mãos.

Esperança é uma promessa.

É fé.

Só esperamos por aquilo que está ausente, mas que existe na utopia e que nos impulsiona para sua efetivação.

(José André da Costa)

Fé também é algo muito difícil de descrever em palavras, porque é algo que se sente, que se vive, que se realiza e materializa-se em nós das formas mais complexas e mais simples.

Há quem diga que não existem milagres, mas eu prefiro acreditar que os milagres afloram em cada pequena forma de existência, em cada resplandecer que a vida acontece.

Durante minha vida, já experienciei e vi acontecerem muitos milagres comigo e com quem está à minha volta. Milagres de saúde, de reconciliação, de conquistas, de comunhão, de superação.

Não acredito que Deus nos teste, mas acredito que Ele manda-nos sinais de reflexão, em que a fé apresenta-se com mais ou menos intensidade.

Assim aconteceu comigo e durante todo o período conversei (e converso) com Deus, com Jesus, com a Virgem Maria, com os anjos e os santos, com os espíritos de luz!

Ora agradeço, ora me entristeço, ora esmoreço! Assim... às vezes separado, às vezes tudo junto, tudo ao mesmo tempo! Ora a fé é enorme, ora muito singela. Às vezes move a montanha, às vezes muito menor que o grão da mostarda.

Em minhas inúmeras e infinitas conversas com Deus sinto conforto e dúvidas, sinto que Ele abraça-me ou se afasta. Sinto que me olha ou nem me vê. Depende do dia, do momento, da forma como as coisas ocorrem.

Mas sempre a certeza de que Dele necessito, preciso e somente N'Ele sustento-me.

Sem Deus, nada teria sido possível, nem a descoberta, nem o tratamento, nem a busca da cura.

É Ele que em tudo está, em cada sala de exame, em cada centro cirúrgico, em cada olhar do médico, em cada rotina de remédio.

Com frequência, dobro os joelhos, junto as mãos, agarro o terço. Com frequência, faço novenas e acendo velas; rotineiramente, vou à missa católica e ouço com atenção as palavras que são ditas diretamente para mim, em cada momento, em cada visita à casa do Pai. Sim, são sempre as palavras e os ensinamentos certos para cada sentimento que esteja aflorando naquele momento... E isso é também um milagre.

O apoio da família e dos amigos

Recebi muito apoio, da família de sangue e da família que a vida dá-nos.

Meu marido, meus filhos, minha nora, minha irmã, parentes, alguns seletos amigos que eu permiti que conhecessem a história mais de perto e desde o início.

Não é fácil partilhar. Não é, tampouco, querer esconder, mas é preferir lidar com o máximo de naturalidade como uma estratégia de sobrevivência. Além disso, como eu tinha certeza de que tudo acabaria ali, somente com uma cirurgia, não havia muita necessidade de envolver tantas pessoas. Era período de festas, do Natal de 2018 que se aproximava, Ano Novo, férias, e muitos se dedicavam às próprias atividades enquanto eu recuperava-me e, em breve, reiniciaria a vida profissional e pessoal. Foi assim que pensei!

Além disso, cada pessoa tem uma reação, uma forma de ver a situação e ajuda da maneira que lhe é permitido a partir de sua consciência e da sua força psicológica.

Uns animam, outros lamentam, alguns se revoltam. Ora choram com você, ora te envolvem com conversas que lhe fazem esquecer o problema.

Como em qualquer família, há pessoas na minha genealogia de todas as idades, gente que já viveu muito e possui muitos casos similares para serem narrados, histórias de sucesso, de superação, de vida plena após a doença; mas também histórias que não tiveram o final esperado.

Há também pessoas, que, pela pouca idade, surpreendem-se com a descoberta da doença e acabam esperando os acontecimentos para aprenderem com você o que fazer em momentos como esse e assim ficam um tanto perplexos e um tanto imóveis.

Há amigos que muito se aproximam, há os que se afastam.

De todos que se mantiveram por perto, o sentimento maior sempre foi o da oração, da fé, de depositar em Deus a esperança da cura. Gente de todas as religiões e credos que rotineiramente me enviavam mensagens, frases, orações, bênçãos e motivos para não desistir.

É claro que meu esposo, Mateus, meus filhos, Luca e Gabriel e minha nora, Thalya, merecem uma narrativa que poderia ser descrita em capítulos diários, porque foram eles que me acompanharam em cada dia, em cada situação, em cada respiro, em cada dor e recuperação.

Meu marido e meus filhos foram suporte, luz, aconchego, porto seguro, e a cada dia pude reafirmar a minha certeza de que é por eles que vivo e respiro. Foram eles que estiveram fisicamente presentes todos os dias e todas as noites, fazendo tudo o que era preciso para que pudéssemos seguir em frente.

A Thalya, menina calada, expressava a solidariedade com os olhos e muitas vezes se sentou ao meu lado e acariciou o meu rosto com a delicadeza de quem imagina que a pele poderia se dissolver com o toque.

Recebi o carinho, o apoio e a esperança dos pais do meu esposo, meu sogro Lorenzo e minha sogra Zenaide, que, no auge de suas experiências de vida e de situações similares, sempre tiveram uma palavra de afago, aconchego, carinho, esperança, otimismo e, sobretudo, de paciência, pedindo o tempo todo que eu acalmasse-me. Cada um a seu modo, cada um de seu jeito, os dois com o mesmo objetivo de me ver forte e recuperada.

Pelos dois, tenho muito respeito e admiração, pois eles viram a vida da filha de apenas 45 anos ser interrompida ao ser acometida pelo câncer. Firmes, seguem com otimismo, mesmo quando meu sogro, o Lorenzo, imigrante italiano forte e determinado, também foi diagnosticado e continua a lutar contra a mesma doença.

Desde sempre também dividi cada experiência, cada descoberta, cada angústia, cada tristeza e cada momento de vitória com a minha irmã Shirley! Minha única irmã. Nove anos mais velha do que eu, ou seja, alguém que eu conheci adolescente porque quando compreendi o que era ter uma irmã, ela já era uma "mocinha".

Vivemos na mesma casa, com nossos pais, até que nos casássemos, ela antes de mim, e como toda irmã tivemos todos os momentos, de aproximação e de afastamento; de alegrias, beijos, amores e de vontade de arrancar os cabelos uma da outra mutuamente. Mas tudo sempre foi resolvido e sempre seguimos juntas.

Ela ensinou-me muito e sempre foi um exemplo para muitas das minhas escolhas de querer ou não seguir os mesmos passos.

Temos personalidades diferentes, não necessariamente opostas, mas distintas em gostos, gestos, tempos e intensidades, mas a admiração é recíproca, talvez porque em muitos casos uma admira a outra pela forma como resolve determinadas questões.

Desabafei muito nos ombros de minha irmã cada momento dessa fase de minha vida, ou melhor, de nossas vidas, porque a dela também foi impactada.

Recebi diariamente uma mensagem de otimismo. A vi chorar nos momentos mais difíceis e se alegrar nos momentos de superação. Também a vi rezar em todos esses momentos para pedir e agradecer.

Com ela pude aprender o que é sofrer à distância e como não é fácil ter alguém querido passando por uma situação inusitada sem ter o contato físico, pois moramos em cidades diferentes, com mil quilômetros que nos separam. Dessa forma, o coração teve que apertar o laço para suprir a distância física e resolver pelo carinho o que as mãos não conseguiam alcançar.

Saber que ela estava presente foi sempre muito importante!

Também recebia o carinho do Marco Aurélio, seu marido, meu cunhado, que todas as vezes que me ouvia afirmar que tudo daria certo (no futuro), respondia com um sorriso e colocava o verbo no passado:

– Já deu!

Além dele, contei com o carinho e as mensagens de força e otimismo dos sobrinhos, Fabrizzio e Giovanni, e suas respectivas esposas, Janini e Tatielen, que é claro, tornaram-se minhas sobrinhas também.

Mas além da Shirley, minha irmã de sangue, a vida deu-me uma irmã com idade muito parecida com a minha, a Elisa. Aquela amiguinha de infância que você partilha tudo... as descobertas, os escassos brinquedos proporcionados por famílias não muito abastadas, as alegrias, as risadas, as comidas, a vida em si. Crescemos juntas, brincando na mesma rua, no mesmo quintal. Arrumamos o primeiro emprego na mesma empresa e caminhávamos perto. Ora muito perto, ora nem tanto, porque a vida é mesmo assim. Mas, agora, já mais velhas, voltamos a nos aproximar com a mesma intensidade de quando éramos muito, muito pequenas e muito, muito, jovens.

Ela e sua família também foram (e são) fundamentais. Nossos contatos também são feitos via tecnologias porque não moramos na mesma cidade, mas sim a uma distância de mil quilômetros.

Elisa liga-me ou me envia alguma mensagem, sempre, diariamente, para que eu dê-lhe força. Sim, porque chora mais do que eu e, quando me telefona, termina a conversa com os olhos cheios de lágrimas e eu a lhe consolar... calma, para, não chore... eu estou bem! Ela, com a voz embargada, sempre responde a mesma coisa absolutamente importante de se ouvir:

– Fica bem, eu te amo!

E com a mesma intensidade de carinho eu respondo:

– Eu também!

Junto à Elisa, o seu pai, o Eurico, homem de fé, de lutas pela vida. Um homem que conheci como o pai da minha amiguinha de infância, daqueles que a gente adota como pai da gente também. Hoje, dois adultos que somos vejo-o como um querido amigo que rezou por mim rotineiramente e me enviou mensagens de otimismo, esperança e crença em Deus. Dele, de sua esposa Marli e de seus colegas da igreja eu também recebi o carinho diário e a força necessária para seguir em frente.

A vida também me deu outra irmã, já em tempos mais recentes, a Aninha Carol. Professora brilhante, amiga indescritível. Daquelas que com todas as minhas birras, mau humores e chatices, mantém sua elegância, carinho e afeto, acalma-me e suporta-me!

Viaja comigo muitas vezes no ano para congressos e trabalhos diversos no Brasil e no exterior. Com ela já passei horas nos aeroportos, comemos comidas inusitadas, bebemos o que havia de novo em cada banda, passeamos por lugares inesquecíveis e compramos recordações que se transformam em supérfluos diante daquilo que o coração e a mente carregarão para sempre como souvenir.

Ana Carolina viveu cada momento dessa história, desde quando ela ainda nem tinha acontecido e eu apenas reclamava de um desconforto na boca. Durante todo o processo, trouxe-me sopas, caldos, sorvetes. Acompanhou-me em xícaras de chá, de café e em copos d'água nos momentos e que nada era possível ser mastigado ou engolido.

Ateia declarada, mas crente convicta, passou a dizer palavras divinas e a desejar que Deus me curasse. Passou a falar de fé e a pedir aos anjos que restabelecessem a nossa convivência de forma plena. Passou a dizer:

– Fique com Deus também.

Em todas as vezes que eu desejei que Deus estivesse com ela.

Aninha foi ombro que confortou e chão que amparou e, com toda certeza, sem ela, tudo teria sido muito mais difícil.

Além dela, seu esposo, o Sergio, que muitas vezes acompanhou a mim e ao meu marido para conversas e afagos. Sergio foi muito importante para o Mateus e sempre foi bom saber que ele estava por perto.

Mateus também contou com o apoio do Elpídio, Psicólogo que conversava como amigo e como profissional, amparando e vibrando com cada passo. Religioso devoto sempre teve uma palavra de otimismo para mim e para o Mateus, desde as primeiras descobertas, permanecendo ao longo do tratamento, colocando Deus acima de tudo e Nossa Senhora acima de todos.

O vizinho Mario Jorge e sua esposa Keite merecem minha admiração pela elegância com que se mantiveram presentes. Mario sabia tudo o que estava acontecendo, não só pela minha narrativa e pelas conversas com meu esposo, mas porque já trabalhou na área da saúde, já atuou em clínicas de radioterapia e muito me ajudou com seu conhecimento e suas explicações que, se, por um lado, descreviam a dureza do tratamento, por outro expressavam a calma de quem já viveu muitos casos semelhantes. Rotineiramente, perguntava como estava cada etapa do processo e carinhosamente levou meu filho Gabriel para passear com seus filhos quando eu não podia nem pensar em sair de casa.

A Cláudia, tia da Thalya fazia sopas, encontrava plantas, e enviava carinho em forma de alimentos. Aliás, as sopas. Fiquei muito emocionada quando no mesmo dia chegaram duas amigas trazendo-me três tipos de sopas, quando da minha volta do hospital.

Sabiam que era tudo o que eu podia comer e, assim, trouxeram seu carinho dentro de uma tigela.

A Louise mandava flores e alfarroba, com muita meiguice dizia que era para eu comer algo natural, um docinho para alegrar, mas sem culpa. Por outro lado, o professor Mayllon trazia suspiros recheados com chocolate, ignorando a indicação da Louise.

Também tiveram os tios, primos, o sobrinho Felipe, seu pai, Vagner, e sua namorada, Carol, a tia Zoraide, irmã de minha sogra que muito torce por mim em todos os momentos de minha vida, sendo esse só mais um deles; enfim, pessoas que eu agradeço por estarem por perto e apoiando com suas palavras e orações. Todos fizeram a sua parte e todos possuem minha eterna gratidão por torcerem, vibrarem e existirem em minha vida.

A vida imita a arte (A vida é bela)

Entre essas pessoas da família estavam um filho de 13 anos e uma mãe de 86. Para mim, os dois extremos da família, um jovenzinho, acabando de entrar na adolescência e uma senhora, idosa.

Para os dois, pelo repertório de suas existências a palavra câncer é muito mais cruel do que a doença. No imaginário social que faz parte de seus conhecimentos, existe somente um ciclo possível: a doença, o tratamento, muito sofrimento e a morte. Assim, com ponto final!

Dessa forma, eu decidi adotar uma estratégia, qual seja, imitar o aprendizado adquirido no filme "a vida é bela", vencedor de três estatuetas do Oscar de 1999: Melhor filme estrangeiro; melhor trilha sonora original e Melhor ator para o também diretor do filme Roberto Benigni.

No drama cinematográfico, o judeu Guido e seu filho Giosué são levados para um campo de concentração nazista durante a Segunda Guerra Mundial na Itália. Afastado da esposa, o pai tenta de todas as formas proteger o filho do terror e da violência em que estão imersos usando a criatividade para fazer o pequeno filho acreditar que eles na verdade estão participando de uma grande brincadeira em um campo de férias.

A minha estratégia foi dizer sempre tudo, mas sem dizer a palavra impronunciável para minha mãe e meu filho mais novo, pois imaginei que eles a compreenderiam somente com uma trágica possibilidade.

No meu caso, naquele momento isso foi possível porque o tratamento foi cirúrgico, sem quimioterapia ou radioterapia e seus efeitos visíveis como a queda de cabelos, por exemplo.

Na verdade eu nunca me senti doente, e isso também foi fundamental para seguir convencendo os próximos de que a doença era algo em paralelo, localizado, possível de ser extraído, exterminado. Tanto minha mãe como meu filho acompanhavam cada passo, cada etapa, cada cirurgia e rezavam por mim, torciam para que aquilo passasse e o sofrimento pelas cirurgias acabasse muito rapidamente. Eles sempre estiveram muito próximos em fé e em torcida.

Minha mãe, Zoraide, rezava a cada dia, pedia a cada dia e acreditava todos os dias que, no dia seguinte, as coisas seriam melhores. Sua fé e suas palavras eram e são sempre muito importantes para seguir com coragem e esperança, afinal, reza de mãe tem som mais alto nos ouvidos de Deus.

Eu nunca me senti doente, o que sempre disse é que tive um tumor, que precisou ser extraído e que se revelou maligno. Assim seguíamos na esperança da cura.

E, com isso, poder escrever um: *the end*. Assim, com ponto final, como nas telas dos cinemas.

Mas não seria bem assim... No final do meu filme particular, na tela do cinema da minha vida, ainda não seria a hora de ler um "*the end*"! E, assim, descobri nos primeiros meses de 2019 que haveria uma segunda parte desse filme baseado em uma história real, com uma sórdida trilha sonora e que eu teria que ler, em letras garrafais, no lugar do "*the end*" o "*to be continued*".

Parte 3

A NOVA DESCOBERTA

Como o primeiro capítulo dessa experiência, o segundo capítulo dessa história eu também não escolhi experimentar.

Logo após a cirurgia do dia 6 de dezembro de 2018, notei que apareceram dois caroços no pescoço, do lado direito, o mesmo lado em que havia feito a cirurgia para retirada de parte da língua.

Eram grandes, podiam ser notados visualmente e também podiam ser tocados e sentidos com facilidade.

Importante salientar que antes da cirurgia vários exames foram realizados e não havia nenhum comprometimento dos linfonodos do pescoço, por isso, não houve necessidade de ampliar a cirurgia da língua para o pescoço. Contudo, logo após a cirurgia, dois linfonodos do pescoço, ao lado direito, o mesmo lado onde a cirurgia da língua fora realizada, incharam muito, ao ponto de poderem ser vistos facilmente.

No retorno ao médico ele sugeriu algumas possibilidades:

– Pode ser uma íngua, provocada pela cirurgia;

– Um trauma pós-cirúrgico.

Decidiu que aguardaríamos por três meses para ver a evolução e a possibilidade de que desaparecessem.

E assim passei os três meses, alegre por ver o avanço com a recuperação da língua; o contentamento de voltar a falar quase que normalmente; a felicidade de voltar a comer quase de maneira absolutamente normal.

Ao mesmo tempo, um olhar atento para os caroços do pescoço que não desapareciam. Não cresciam, mas não sumiam. Estavam lá, a me observar cada vez que eu os olhava pelo espelho. Estavam lá para me dizer que ainda existiam e que, de forma traiçoeira, contemplavam a minha evolução e riam da minha alegria. Sussurravam de forma cruel que minha exultação teria uma pausa para uma segunda revelação avassaladora.

O tempo passou e em abril de 2019, ou seja, quatro meses depois da cirurgia, o médico recomendou uma série de exames para descobrir o que, de fato, eram as saliências do pescoço que insistiam em ficar. Nesse comportamento, passou a ser considerada a hipótese de uma metástase.

Tudo isso sugeria novos aprendizados: o que são linfonodos, o que é metástase. Expressões que eu fiz questão de não introjetar na primeira fase da descoberta da anomalia, mas que agora estavam presentes e precisavam ser resolvidas.

Os resultados não eram exatamente conclusivos, mas sugeriam malignidade.

Uma sugestão de malignidade após uma cirurgia de extração de um tumor maligno realizada há apenas quatro meses só pode ser uma ironia! E por mais que eu não quisesse acreditar, recusasse-me a acreditar em metástase, isso era uma possibilidade.

Enfim, a sentença escrita no resultado dos exames:

– Paciente com linfadenopatia cervical à direita, com citologia suspeita de malignidade, metástase de CEC de língua. Necessidade de esvaziamento cervical radical do lado direito.

O que eu compreendi:

Fazer uma nova cirurgia para esvaziamento cervical e a retirada dos linfonodos do pescoço que insistem em aparecer mais do que lhes é devido.

O mundo desaba pela segunda vez sobre a minha cabeça, afinal, entrar novamente no centro cirúrgico, anestesia geral, recuperação, dúvidas, medos, incertezas e a fragilidade de saber que não tinha controle sobre aquela situação que se apresentava a cada dia diferente do que eu havia planejado, esperado, torcido, pedido, rezado!

Nessas situações, temos duas escolhas:

– Ficar em casa, deitada na cama, entregue à tristeza, chorando, lamentando;

– Ir para o enfrentamento, lutar e vencer.

Eu escolhi a segunda opção! Sim, escolhi, porque, nessa trajetória, a gente tem que seguir fazendo escolhas, determinar para o próprio corpo quais serão os próximos passos, conversar com as células e entrar em um acordo de combate em equipe. Avisar ao coração que ele deverá estar firme para a anestesia; informar ao estômago que segure com coragem a carga de remédios; instruir o fígado sobre sua forte missão, mas, acima de tudo, conversar com o cérebro e dar-lhe o comando da cura, da força e da possibilidade de tudo dar certo. E ele (o cérebro) ainda teria a missão de informar cada órgão, cada membro, cada glóbulo, cada célula, sobre como deveriam comportar-se para que o todo, o corpo humano, conseguisse ser muito maior e mais forte do que míseras células isoladas que insistiam em se comportar mal.

Nesse momento, é preciso assumir o controle daquilo que parece desgovernado, é preciso assumir o leme, focar na cura, mentalizar cada gota de sangue, cada célula em seus desenhos e formas, cada músculo e cada osso e fazer uma foto de todo o organismo enxergando-o de forma saudável e plena e assim enviar um comando ao cérebro para que a foto seja revelada.

Com esperança, fé e coragem iniciamos os preparativos para o dia 25 de abril de 2019, a descoberta de uma nova experiência.

Dia 25 de abril é para mim um dia especial, pois é o dia da comemoração da Revolução dos Cravos em Portugal e marca o início da nova constituição de 25 de abril de 1976 para esse país.

E porque isso é especial para mim? Uma brasileira?

Primeiramente, porque gosto do país, gosto das pessoas e da cultura. Além disso, já tive a oportunidade de viajar e passar férias nesse país por várias vezes, chegando a morar por um ano em Portugal, no período em que cursava o pós-doutoramento em

Comunicação na Universidade Nova de Lisboa e aproximar-me ainda mais desse povo e seus encantamentos locais.

O dia 25 de abril é comemorado em Portugal em grande estilo, com a simbologia dos cravos sendo vendidos e distribuídos pelas ruas, as pessoas a celebrarem a festa da constituição, as exposições alusivas, as comemorações enfim, que eu fiz questão de participar todas as vezes que tive oportunidade de estar em Portugal nessa data.

Estar em um dia 25 de abril em um centro cirúrgico fez-me lembrar os 25 de abril de anos passados em que eu estava alegre, comemorando, feliz com a revolução que mudaria o país.

E como eu me sentia em 25 de abril de 2019?

De alguma forma, igual, agradecendo a Deus a possibilidade de viver uma nova revolução, um acontecimento impactante que mudaria a minha vida!

Preparei uma bolsa com ainda mais esmero do que a produzida para as cirurgias anteriores, afinal, precisaria de coisas suficientes para passar mais do que apenas algumas horas como na primeira cirurgia, ou dois dias como na segunda cirurgia. Desta vez ficaria por duas noites no hospital. O tempo não seria tão longo, coisa de três dias, duas noites, mas a bagagem se amplia.

Dessa vez, não fui ao Hospital Araújo Jorge logo nas primeiras horas de uma manhã, porque a minha cirurgia seria a segunda do dia e pude chegar lá por volta das 9 horas da manhã, o que, para mim, só fez aumentar a minha ansiedade de espera, já que, às 6 horas da manhã, já estava pronta para ir, em pé, acordadíssima (se é que consegui dormir), e na expectativa de mais uma experiência.

Novamente, era uma manhã clara e de sol, como as inúmeras manhãs claras e de sol de Goiânia, em clima típico do centro-oeste brasileiro.

Cheguei ao hospital confiante, não estava alegre, tampouco estava triste, mas com uma mistura de sentidos e com muita esperança de que tudo ficaria bem.

Primeiro, a gente passa por uma sala de troca de roupas e apresentação à enfermeira e preparativos rápidos para seguir. Estar novamente naquele local, depois de apenas 4 meses, não era bom, mas não era assustador. De alguma forma, saber o que aconteceria, como eram as salas, os procedimentos, o rosto das enfermeiras dá algum tipo de conforto, porque elimina a surpresa do desconhecido, ainda que cada experiência seja sempre única.

Nessa sala revi a Sra. Antonia, uma técnica de enfermagem que ali exercia a função de circulante de sala, cujo olhar, fala e carisma já servem como anestesia para qualquer cirurgia. Antonia é linda e possui uma missão de nos preparar para a ida ao centro cirúrgico. E ela faz muito mais do que isso, prepara as roupas e a emoção, com sua voz doce e humana.

Já disse, anteriormente, que não acredito em coincidências, mas, depois de conhecê-la, passei a encontrá-la na Catedral Metropolitana de Goiânia porque moramos no mesmo bairro e frequentamos a mesma igreja para as missas de domingo, e é sempre um grande prazer revê-la com o mesmo sorriso largo.

Fui caminhando a passos firmes para o centro cirúrgico e, no caminho, fui desejando boa sorte para outros que também aguardavam para serem operados. É impressionante ver a rotina de um hospital e a quantidade de pessoas que dele necessita todos os dias.

Ao adentrar, deparei-me com todos os aparelhos, enfermeiras, anestesista, sons, cheiros, cores, texturas que são próprios desse local, mas nem por isso sempre iguais. O Centro Cirúrgico era exatamente o mesmo, mas eu era outra pessoa, muito diferente daquela que ali esteve no dia 06 de dezembro de 2018.

Menos insegura, mais confiante, entrei e encontrei meu cirurgião, o Dr. Marcio, sentado tranquilo, conversando com um dos médicos auxiliares. Sim, dessa vez seriam três médicos a trabalharem juntos, o que me fazia acreditar que os procedimentos cirúrgicos seriam maiores, mais complexos, mas me sentia, mesmo assim, muito confiante e procurava compreender a situação como um excesso de zelo que corria a meu favor.

Tudo pareceu menos romântico do que da primeira vez, apesar da simpatia do anestesista, da luz que advinha das entranhas, da cordialidade das enfermeiras, eu estava ali com outro espírito, ou seja, queria resolver, logo, rápido.

Mas uma coisa se mantinha idêntica: a minha fé! E rezei muito, com toda a fé que me era possível, com toda forma de pedir que me era conhecida. Chamei por Deus, por Jesus, por anjos, santos e pela Virgem Maria. Clamei para que eles fossem os auxiliares dos médicos, dos enfermeiros e de todos que estavam naquela sala. Acreditei com toda força que todos estavam lá! Eu os via, podia senti-los.

Da mesma forma, clamei para que Jesus, médico dos médicos, coordenasse aquela equipe e operasse a partir de cada mão que tocasse meu corpo, que fosse Ele a segurar o bisturi.

Os procedimentos começaram a ser feitos... e são muitos.

Oxigênio, veia, soro, batimentos cardíacos, temperatura, posicionamento na maca, pulsação, anestesista... Novamente ele foi alvo de minhas últimas palavras lúcidas antes de dormir.

Lembro-me de conversar com o anestesista e lhe pedir que a dosagem fosse muito alta, suficiente para não haver nenhum risco de eu ver ou sentir nada, nem antes nem ao final da cirurgia, exatamente como fiz da vez anterior.

Dessa vez, ele não só sorriu com atenção e gentileza, como fez uma brincadeira dizendo que faria o possível, pois aquela seria a primeira vez que anestesiaria alguém e que seu diploma fora adquirido a partir de um curso questionável. Juntos, rimos muito e adormecer rindo me fez muito bem.

Acordei na sala de recuperação e estava mal, zonza, enjoada e com vários sintomas que atrasaram a minha ida ao quarto, deixando meu esposo ansioso com a demora. Mas, enfim, levaram-me para um quarto menor e posicionado de forma diferente do quarto que eu havia utilizado para recuperação da cirurgia anterior.

A maca, sim, continuava a bater nas portas e nas paredes dos corredores, mas desta vez não lhe dei muita importância, tampouco fiz muita questão de ver o esforço do enfermeiro a empurrar a maca. Acho que já havia me acostumado.

Cheguei no quarto e lá estava meu esposo aguardando-me e alegrou-se em me ver.

Eu não sentia dores, mas sentia um grande desconforto, principalmente quando notei que além do soro, havia conectado em mim um dreno. Dreno? Drenando o quê?

Fui informada de que ficaria no hospital por dois dias exatamente por conta do dreno! Esse mecanismo coletor que nos acompanha para finalizar o que foi iniciado no centro cirúrgico. Enfim, essa explicação basta!

Ouvi a narrativa de meu esposo sobre o que havia ocorrido desde a minha entrada no hospital, o processo de internação, a seleção do quarto e tudo o que ele havia vivido naquele lugar enquanto eu estava no centro cirúrgico e me contou que recebemos a visita da grande amiga Ana Carolina, que aguardou com ele que a cirurgia fosse realizada. Os dois ali, torcendo, vibrando, acalmando-se mutuamente.

É curioso como muitas vezes os amigos lembram-se de amparar quem está doente, mas tão importante quanto, também é dar suporte para o cuidador, pois ele também se sente fragilizado, angustiado, temeroso e saber que há pessoas por perto é sempre muito importante.

Também é importante lembrar que o cenário de uma doença como essa não produz somente uma narrativa, mas sempre há mais de um lado, o viés de outros que vivem a realidade a seu modo, como lhe é permitido participar, se não como protagonistas, como coadjuvantes que possuem um papel importante e, assim, também vão construindo as suas histórias e alterando as suas vidas a partir do impacto da minha.

Voltei para casa dois dias depois e sentia-me muito bem, falando e alimentando-me normalmente. Aliás, minha maior surpresa foi ver que no mesmo dia da cirurgia já me ofereceram comida sólida no hospital, dieta normal, sem restrição. Uma alegria poder comer!

Claro que não foi fácil comer, comi o que foi possível e não tudo o que foi oferecido, mas era um incentivo.

O período de recuperação e cicatrização do local foi muito rápido e, apesar de, nas primeiras noites, eu não ter coragem de deitar e preferir dormir sentada, com medo de causar algum problema, o fato de a cicatrização evoluir a cada hora trazia ânimo e coragem.

Aos poucos, fui percebendo como meu corpo estava com poucas dores no pescoço, com inchaço imenso no rosto e com muita, muita dor no braço e ombro direito. Aliás, de tudo, o que mais incomodava eram as dores no braço e no ombro, impossibilitando que eu desempenhasse todos os movimentos de forma normal, impedindo-me de levantar o braço além da altura da cintura.

Durante dez dias até a data que seria o retorno ao médico, fui compreendendo meu corpo, dando tempo para que ele se regenerasse, acalmando cada célula para que elas se comportassem de forma adequada, precisa e fundamental para minha recuperação.

No retorno médico, 10 dias após a realização da cirurgia, o médico se mostrou bastante satisfeito com o aspecto da cirurgia que estava quase que completamente cicatrizada. Com isso, passaríamos para outra fase do tratamento, feita com uma equipe multidisciplinar e não mais apenas com o cirurgião. Gentil como sempre, explicou-me todos os próximos passos, os novos médicos que me acompanhariam, as novas necessidades e, assim, segui para os próximos capítulos desta história que agora envolveria o tratamento de químio e radioterapia... Ui!

Carinho "super" contagiante

No dia 25 de abril de 2019, quando voltei ao hospital para realizar a extração dos linfonodos do pescoço, era novamente uma quinta-feira e eu sabia que o Grupo Carinho Contagiante estaria ao cair da tarde encorajando os pacientes.

Antes da cirurgia eu lembrava-me deles com muito carinho (como sempre faço) e alegrava-me por saber que os reencontraria para rezarmos juntos.

Mas, como cada dia é um dia diferente e cada situação se apresenta como uma nova experiência, essa cirurgia não foi como a primeira.

Nem melhor, nem pior, mas diferente. Desde o posicionamento do quarto no hospital que me permitia uma nova relação com o Grupo, até o meu estado de recuperação pós-cirurgia.

Como o procedimento cirúrgico fora realizado no meio da manhã e não nas primeiras horas como a cirurgia anterior, ao cair da tarde eu ainda não me sentia completamente acordada nem animada para me levantar da cama e acompanhar a passagem dos músicos pelo corredor.

Então, decidi que não ficaria na porta, aliás, nem abri a porta, meu ânimo era outro. Era uma vontade de ficar muito quietinha e ouvir aquela angelical música em uma sintonia com Deus, sentadinha na cama, rezando e glorificando a possibilidade de ter saído de mais um procedimento cirúrgico com vida e vontade de viver.

Assim, do meu jeito, acompanhei a passagem das vozes, dos instrumentos musicais e da energia positiva e revigorante que esses anjos na Terra emanam para os que precisam de apoio e recuperação.

E mais uma vez eles muito me ajudaram, cantando as orações em forma de canção que gosto de rezar. Como um bálsamo, mais uma vez estavam em missão de Deus, e eu agradeço-os por serem tanto.

Os (novos) profissionais do tratamento

Estar segura com os profissionais que nos cerca, assistem-nos, é fundamental. Entregar-se nas mãos daqueles que possuem o conhecimento de algo que para mim é obscuro faz com que a gente não se sinta sozinha.

No dia 25 de abril de 2019 fui, novamente, operada, a cirurgia correu muito bem, e o cirurgião reafirmou a sua competência e habilidade deixando-me muito feliz e satisfeita com a sua atuação profissional.

Contudo a cirurgia não seria o fim do tratamento e, pelo oncologista, fui encaminhada para a realização de novos procedimentos. Como em todos os grandes acontecimentos, neste também muitas pessoas foram envolvidas no processo de cura e atuando em várias frentes, uma equipe multidisciplinar que passou a fazer parte daquele momento de dedicação e busca da plena restauração do corpo, da saúde.

Assim, ao oncologista, juntaram-se os médicos da radioterapia e quimioterapia; fisioterapeuta para o braço e ombro que sofreram uma perda de força por conta da cirurgia de esvaziamento cervical, além de um trabalho com o pescoço que a cada aplicação de radioterapia ficava mais enrijecido; psicólogo para ajudar a segurar as ondas de culpa, dúvida, questionamentos; dentista para a prevenção e acompanhamento de eventuais complicações causadas na boca por conta das aplicações de radioterapia; nutricionista para indicar as formas de alimentação e suplementos alimentares para minimizar os efeitos da falta de apetite, perda de peso e tudo o que envolve um tratamento agressivo como esse. Além desses, também houve o neurologista, mas isso é um caso à parte que narrarei nas próximas páginas.

Desse modo, no dia 7 de maio fui mais uma vez para o Cebrom, um Centro de Radioterapia, Oncologia e Mastologia de Goiânia, especializado em medicina oncológica que possui uma equipe multidisciplinar composta por variados especialistas capazes de transformar o processo em algo possível e menos traumático.

Lá conheci diversos profissionais que trabalhariam comigo, em conjunto, durante todas as sessões de radioterapia. Primeiro conheci o médico da radioterapia, Dr. Ricardo, um médico muito gentil, simpático, super experiente e que me deixou muito confiante quando me disse:

— A senhora chega aqui em uma situação muito privilegiada, pois a senhora está curada e está aqui apenas para fazer aplicações preventivas, pois o tumor já foi retirado.

Isso soou como um bálsamo para os meus ouvidos, minha mente, meu coração. Apesar de o oncologista, meu cirurgião, já ter dito a mesma coisa, ouvir isso novamente, foi muito importante.

Importante salientar que, nessa fase, os médicos não afirmam a cura, mas sim a ausência de doença que, para a linguagem médica possui muita diferença, mas eu prefiro acreditar que são coisas similares.

Na consulta inicial, ele explicou-me em detalhes e pacientemente tudo o que seria feito, a quantidade de sessões, a forma de tratamento, os diversos efeitos, as agressões ao pescoço e à boca, enfim, mil informações sobre um processo complexo. Dr. Ricardo é médico que cura com o olhar e o abraço confortante. Em cada sessão de radioterapia, ele estava lá em seu consultório, mas aguardava os pacientes no corredor para saber como estávamos. Sabe aquela pessoa que fica ao lado da pista de corrida, vendo os ciclistas passarem e aplaudem, vibram, oferecem água? Era assim que eu me sentia todas as vezes que caminhei pelo corredor imenso da recepção à sala de radioterapia e via o Dr. Ricardo ali, logo cedinho, a encorajar e vibrar com a trajetória.

Na mesma época também conheci a médica responsável pela quimioterapia, Dra. Maria Márcia, uma médica de poucas palavras, séria, de extrema competência e conhecimento sobre o que faz e que também me explicou de forma detalhada tudo o que iria acontecer e os efeitos que poderiam ser desencadeados. Ela fez parecer possível a realização de um tratamento nada confortável. Além disso, ela me acompanhava de perto, a cada ciclo de medicamentos nos víamos e era sempre uma segurança tê-la ao meu lado para me apoiar, explicar, confortar nas horas mais difíceis. Ela, com muita paciência e muito amor à medicina e aos pacientes transforma o processo em algo corriqueiro e nos faz acreditar que dará certo.

A partir desses dois, fui conhecendo os outros profissionais que me acompanhariam durante os próximos dias, semanas, de tratamento. Primeiramente, veio a equipe de dentistas, as Dras. Rafaela, Helenisa e Sibelle, três mulheres atenciosas, experientes e gentis que me explicaram os efeitos que a radioterapia de cabeça e pescoço pode causar na boca de um paciente, implicação nos dentes, língua, bochecha, gengiva, glândulas salivares, papilas gustativas...

As conversas e as explicações das dentistas não eram exatamente confortáveis, mas saber que existiria um acompanhamento para minimizar o trauma foi muito importante. É bom saber que não se está sozinho e que outras pessoas já passaram pela mesma situação. Imediatamente, já solicitaram que eu fizesse radiografia de todos os dentes, limpeza e tudo o que era preciso para o início do tratamento.

As enfermeiras, Zilda e Nara Kesia, instruíram-me sobre os efeitos da radioterapia na pele, causando queimaduras e que, para isso, a aplicação regular (várias vezes ao dia) de pomadas específicas para esses casos seria fundamental a fim de que o tratamento não precisasse ser interrompido em nenhum momento. Além de conselhos diversos sobre como eu deveria comportar-me durante o dia e durante a noite para que os efeitos do tratamento fossem mais leves.

A nutricionista, Dra. Pabline, entregou receitas de comidas possíveis e mais fáceis de serem mastigadas e engolidas, alimentos que eu deveria evitar, fórmulas de suplementos alimentares, instruções sobre a importância de ingerir alimentos e líquidos, sobretudo água, muita água, receitas e tudo o que era preciso para não parar de me alimentar.

Além desses, no Centro de Psicologia da Unimed, busquei a psicóloga Glaucia, que conduziu minhas falas de forma a fazer com que minha mente operasse para o positivo, para reconhecer as possibilidades de avanço e superação. A ela confiei minhas narrativas de angústia, as dúvidas e as culpas que foram trabalhadas em cada sessão, em cada desejado encontro para que o necessário desabafo não fosse só entre o computador e eu, ou não fosse só com o marido, mas com mais alguém que pudesse ajudar a clarear todo o processo.

Com ela, o rumo para que minha cabeça pudesse tentar entender tudo o que estava acontecendo e garantir que minha mente não entrasse em colapso diante de uma situação que não escolhi, que não queria estar vivendo, que preferia deletar de minha vida a cada suspiro de existência. Ela foi ombro e chão e fez-me enxergar mais do que o tratamento, do que a doença, ou a fase em que eu estava imersa, fez enxergar-me de uma forma muito mais ampla.

Tudo para mim era uma novidade, mas esses profissionais possuem um histórico de anos de trabalho dedicado a esse tipo de situação, então, entreguei-me confiante às recomendações e fui comportando-me de forma muito disciplinada e fazendo tudo o que cabia a mim executar.

Equipamentos, Medicamentos, Rádio, Químio, Físio e seus diversos efeitos

O primeiro dia de tratamento, em 16 de maio de 2019, foi marcado com a primeira sessão de quimioterapia, que teve início às 8 horas da manhã, e também a primeira sessão de radioterapia no meio da tarde. Após muitas horas recebendo os medicamentos da químio, fiz a aplicação da rádio e tudo parecia muito bem. Voltei para casa andando e alimentei-me bem.

Difíceis foram as próximas horas, quando fui ficando cada vez mais fraca, sem vontade de tomar sequer água. Alimentos, nem pensar. Passei a ter náuseas e tonturas, também falta de ar, calor, frio, assim, tudo junto, mantendo-me deitada o tempo todo.

Incrível como o organismo reage às novas experiências. O que eu sentia é que meu organismo tinha ficado muito abalado com aquela carga de remédios fortes e desconhecidos. A quimioterapia abalou-me muito, muito, muito mais do que eu podia imaginar.

Eu tremia, sentia um calor que fazia meu marido ligar o ventilador, o ar condicionado, abanar-me, tudo ao mesmo tempo. Cinco minutos depois um frio insuportável que nos fazia desligar todos os aparelhos produtores de frio e eu cobria-me com a manta mais quentinha do universo em pleno calorão de Goiânia. Cinco minutos depois, olha o calorão... E assim foi, durante horas... dias.

No dia da aplicação da primeira quimioterapia, ao cair da tarde, em meio a calores e frios, levantei-me para ir ao banheiro, tive uma vertigem e algo como um desmaio que meu esposo compreendeu como uma convulsão. Claro, isso o deixou muito assustado, principalmente quando caí no banheiro, produzindo um estrondo enorme com a batida da cabeça na porta.

Consciente, eu fui por ele e pelo meu filho levada ao hospital e lá tomei soro, medicamentos e fui sentindo-me melhor, apesar de tremer sem parar. Um tremor que não era de frio, mas que vinha de dentro, e tremia tudo, o corpo todo, as mãos e a boca principalmente.

Ao explicar o ocorrido para os médicos do hospital meu esposo usava a expressão convulsão, dizendo que achava que era isso que tinha ocorrido em casa. Eu não conseguia falar nada. Sentia-me tão mal, tudo estava tão ruim, e eu achava que desmaiaria a qualquer momento, então, não prestava muita atenção à conversa entre meu esposo e os médicos.

Ao narrar isso para a médica responsável pela quimioterapia, a Dra. Maria Márcia, fui encaminhada diretamente para um neurologista para saber se tudo aquilo não poderia ter sido algo mais grave. Isso implicou em mais exames, incluindo um eletroencefalograma e uma ressonância magnética do crânio com injeção de contraste paramagnético, enfim, investigações que deixassem os médicos e eu mais tranquilos quanto ao episódio que, na verdade, não passou de uma vertigem.

Nunca tive convulsão, mas um marido preocupado consegue transformar uma gripe em uma pneumonia e, em se tratando dessa doença, tudo assusta.

De alguma forma, e como sempre, Deus escreve sempre certo e foi esse episódio que me levou a uma investigação do crânio e a descoberta de que estava tudo bem, que apesar de um tratamento de cabeça e pescoço, nada ia além da língua e dos linfonodos do pescoço. Por fim, a confusão, que nunca foi convulsão serviu para aprofundar ainda mais os exames e as conclusões de que estávamos no caminho certo.

A rotina do tratamento incluía enxágues bucais várias vezes ao dia, com produtos diferentes, com efeitos diferentes, escovação e limpeza da boca com escova e cremes dentais especiais, saliva artificial e gel lubrificante para minimizar os efeitos da boca seca, remédio para o intestino, para o estômago, medicamento para controle dos enjoos e náuseas, pomada para o pescoço a fim de que a queimadura causada pela radioterapia tivesse uma cicatrização rápida, capaz de suportar doses diárias desses efeitos. E haja remédios!

Nesse ínterim foram iniciados os trabalhos com a fisioterapeuta, a Dr.ª Fernanda, mais uma vez uma profissional muito gentil, alegre, experiente e disposta a minimizar os efeitos causados pela cirurgia, os problemas no braço direito e também o trabalho com o pescoço que foi ficando cada vez mais enrijecido por conta das aplicações de radioterapia. Ela também foi fundamental para minimizar as dores e restabelecer a força necessária para continuar a me movimentar.

Com ela aprendi que com o procedimento do esvaziamento cervical a estrutura nervosa mais frequentemente lesada é o nervo acessório, tendo como complicação a síndrome do ombro caído, que causa a perda da força do braço e também muita dor.

Além disso, outra complicação relativamente comum é o linfedema submandibular devido à deficiência da parte ganglionar linfática que ocorre em decorrência da retirada cirúrgica dos gânglios linfáticos. Isso fez com que eu tivesse inchaços no pescoço e a necessidade de drenagem que a Dra. Fernanda fez durante dezenas de sessões de forma muito profissional, mas também muito divertida.

Fernanda é esperta, alegre, animada, pra cima mesmo. Profissional que qualquer paciente quer ter por perto para curar e animar. Eu a chamava de minha malvada favorita pela ironia de querer ir a um local que mais parecida uma sala de tortura e ainda me sentir muito feliz por isso. Dessa forma, as sessões de fisioterapia passaram a ser também sessões de relaxamento, pois, apesar das dores com os exercícios, existiam as risadas por conta das piadas e dos comentários hilários que a profissional fazia. Ela sempre foi muito disposta a ajudar, a fazer com que os movimentos do meu corpo voltassem a ficar perto do normal. Ela contava histórias de superação e recuperação e apresentava-me equipamentos trazidos de outros países que ajudavam no processo e que, com muito orgulho e gentileza, ela buscava para ajudar seus pacientes.

O inchaço do rosto é tamanho ao ponto de deixar o rosto deformado. Assim, além das drenagens, eu quis procurar pela médica responsável pela quimioterapia que segue acompanhando-me e que me recomendou uma ultrassonografia com *dopler* para ver o que poderia estar acontecendo.

O resultado não apresentou nada mais grave e, por isso, a conclusão foi de que se tratava dos efeitos da radioterapia e da extração dos linfonodos do pescoço. Assim, o esvaziamento cervical do lado direito comprometeu muito a drenagem, e as sessões de fisioterapia foram ficando cada vez mais regulares e por muitos meses.

Nessa hora, vale a gente também fazer a nossa parte, ou seja, aprendi a fazer a drenagem, a canalizar o líquido que se acumulava no rosto e pescoço para as regiões que podiam drená-lo. O marido também aprendeu com a fisioterapeuta a fazer os movimentos de drenagem, e isso se transformou em um ritual diário, às vezes, com a necessidade de realização duas vezes por dia para eliminarmos manualmente o líquido que já não se movia por si só.

A fisioterapia foi muito importante em todo o meu processo de recuperação.

Enfim, é um exército de profissionais a desenvolver um trabalho em conjunto, afinal, ninguém ali, eu em primeiro lugar, estava preocupado com a doença, mas com um ser humano que precisa livrar-se de uma anomalia. O foco na cura implica em você não se voltar para a doença, mas se voltar para um ser humano completo e complexo, que a cada aplicação, remédio, intervenção, responde de forma integrada. O estômago precisa suportar, assim como o fígado, o intestino, o sangue e cada uma das células. Já não se trata de pensar somente na boca ou no pescoço, mas em cada membro, em cada órgão que terá que fazer o seu trabalho para restauração da boca e do pescoço que passavam por uma invasão indesejada. Tudo e todos trabalhando para ajudar o pescoço e a boca aguentarem.

Ser humano é ser inteiro e cada órgão não pode ignorar sua função para o bom funcionamento do todo. E quando se pensa assim, compreende-se que tudo precisa estar bem, mente e corpo; órgãos e membros; pele e ossos para que o tratamento seja eficiente e eficaz.

Durante o tratamento fui conhecendo vários equipamentos que jamais havia tido acesso. O mais curioso foi a necessidade de utilização de uma máscara produzida com malha de plástico, feita sob medida, com encaixe perfeito de cabeça e ombros que eu tive que usar durante todas as sessões de radioterapia a fim de garantir que as aplicações estivessem direcionadas para o local correto e que eu não movimentaria o pescoço durante a radiação.

A máscara foi feita uma semana antes do início das sessões de radioterapia. Trata-se de uma malha quente que o técnico coloca sobre sua cabeça, pescoço e ombros e aperta para que ela fique aderente a essas partes do corpo. Ao esfriar a peça está moldada e será imprescindível para o tratamento.

Durante todas as sessões a máscara é fixada em um suporte existente na mesa de tratamento e garante que a cabeça e o pescoço ficarão imóveis e sempre no mesmo lugar, em uma posição determinada no primeiro dia de tratamento e que será sempre seguida para que as radiações sejam direcionadas sempre para o mesmo local determinado pelo médico.

A máscara era desconfortável, um tanto claustrofóbica, mas não insuportável. Aprendi a conviver com esse momento de imobilidade porque sabia de sua importância.

Lembro-me de rezar muito a cada aplicação, a cada encaixe da máscara que eu desligava-me da Terra e conectava-me com o Divino para que aquilo passasse. As 30 sessões necessárias pareciam infinitas quando começaram e eu pensei que não conseguiria completar o ciclo, mas Deus é maior e fortaleceu-me a fim de que eu caminhasse da sessão 1 até a sessão 30 com esperança, fé, disposição, saúde e a certeza da cura!

Na rotina do tratamento, todos os dias, após a aplicação da radioterapia, eu dirigia-me para o consultório odontológico, para aplicação de laser indicado para o processo de cicatrização de feridas que surgem na boca e gengiva. O laser tem a propriedade de aumentar o metabolismo celular e, com isso, acelerar o processo de cicatrização. A disciplina com os cuidados com a boca foram fundamentais para que eu não tivesse perda de nenhum dente, além de conseguir continuar a me alimentar durante todo o tempo da radioterapia e quimioterapia.

As dentistas fizeram de tudo, o que existe e o que não existe em termos de cuidados para que a boca suportasse tamanha agressão. Instruções sobre a higienização que deveria ser feita de forma muito especial e diferenciada, enxágues; laser por dentro e por fora da boca e pescoço; instruções de comportamento alimentar e mastigação; além de, todos os dias, contar com uma avaliação clínica para saber como as minhas células da boca, glândulas salivares e papilas gustativas reagiam ao tratamento.

Ao chegar na recepção, todos os dias eu encontrava-me com a Sra. Dirce que me acompanhava em cada consulta com as dentistas. Uma profissional dedicada, gentil, amorosa e que diariamente se preocupava sobre o meu estado de saúde. Todos os dias eu a informava sobre quantas sessões de radioteriapia já tinham sido realizadas e ela, sempre muito carinhosa se alegrava comigo pelo andamento. Ela auxiliava as dentistas e junto à simpática secretária

Luicy, auxiliava-me também nas marcações e remarcações de consultas, agendamentos extra-horários, enfim, tudo o que era preciso para que o tratamento dentário fosse realizado.

No começo do tratamento, consegui manter uma alimentação normal, depois, com a diminuição da saliva, a perda completa do paladar, a perda do apetite, só conseguia ingerir líquidos e pastosos, como caldos, sucos, sorvetes e sopas.

O prazer pela comida desapareceu e para mim, o ideal é que não fosse necessário comer mais nada. Tudo tinha um sabor amargo. Mas fiz um pacto comigo mesma de que seguiria alimentando-me do que fosse possível, o mais nutritivo possível porque precisava estar forte. Sou uma mulher magra e sabia que não podia perder tanto peso (iniciei o tratamento com 60 quilos e ao final estava com 53), assim, alimentei-me todos os dias. Como o apetite desaparece, a gente não come porque tem fome, mas porque os horários das refeições existem. Café da manhã, almoço, lanche da tarde e jantar. Fiz sempre as quatro refeições do dia, mesmo que em poucas quantidades, mas sempre comi a comida mais saudável que conseguia.

O convívio com a família durante as refeições também foi algo que fiz questão de manter. A minha comida era diferente, mas sempre me sentei à mesa e comi o que foi possível, com a alegria de estarmos juntos e isso ajudava a realizar a quase impossível tarefa de engolir.

Conforme o número de sessões realizadas vai aumentando, a quantidade de radiações também vai aumentando no organismo e os diversos sintomas vão se intensificando. A saliva fica muito, muito densa e não é possível engoli-la, então há uma fase de cuspir a saliva, cuspir o tempo todo, obrigando-me a ter durante 24 horas do dia toalhas de mão, lenços de papel, guardanapos, para cuspir.

Na medida em que a saliva ficava cada vez mais espessa e não era engolida, a boca e a garganta ficavam cada vez mais secas. A saliva artificial ajuda, mas não é a mesma coisa. Assim descobri outra dificuldade... espirrar. Espirrar se tornou um incômodo fora de qualquer suportabilidade. Assim se fez um tripé do desconforto, pois comer era desagradável, engolir era difícil e espirrar era impossível, mas como não controlamos os espirros, cada um deles era um flagelo.

Espirrar é um capítulo à parte durante o tratamento. A gente tem que ficar em pé, curvar o corpo todo e suportar uma dor insuportável de um espirro que vem forte, das profundezas de um pulmão impiedoso que se enche de ar e sopra a uma velocidade de quase 160 quilômetros por hora. Os músculos responsáveis pela respiração se contraem de maneira muito mais intensa do que o normal durante qualquer espirro e, pela secura da garganta liberam milhares de gotículas pelo nariz e pela boca causando um "atchim" avassalador. Depois dele, alguns minutos para recobrar a consciência.

Durante o tratamento julguei que deveria tomar um calmante, para que passasse por todos os sintomas de forma mais fácil. Assim, o médico neurologista receitou um medicamento chancelado pela médica que me assistia na quimioterapia.

Comecei a tomar o calmante conforme prescrito e a cada dia ficava mais nervosa, com tremor, abalo, insônia. Três dias depois voltei aos médicos e expliquei que o efeito estava sendo contrário e o calmante estava deixando-me muito nervosa. Ouvi deles que era assim mesmo e que o organismo precisa se acostumar com novos medicamentos e que isso poderia levar muitos dias. Então desisti do calmante que me fazia mais mal do que bem e segui sem ele.

No lugar do calmante, que no meu caso foi um nervosante ou abalante, adotei a prática da meditação, principalmente à noite, para tentar dormir melhor. Foi muito bom. De fato, acalmava-me e, junto às orações diárias, mantinham-me com esperança e foco no tratamento e na cura.

Após o término do tratamento, no dia 9 de julho de 2019, a volta do apetite, do paladar e da saliva foram acontecendo gradativamente. A saliva foi a primeira a começar a voltar, mesmo assim, somente as glândulas salivares do lado esquerdo da boca funcionavam quase que normalmente. As glândulas salivares do lado direito, que receberam diretamente as radiações, deixaram de produzir saliva. A boca ainda era seca após um mês, dois meses, três meses, e o consumo de água continuou a ser intenso, em goles que molham a boca, a garganta e que precisam ser constantes.

Depois de um mês, retornei à equipe de dentistas e iniciamos um processo de aplicações de laser nas glândulas salivares para estimular o funcionamento. Além disso, passei a fazer uso de vitamina E, com o mesmo objetivo e continuei o uso da saliva artificial aplicada principalmente do lado direito da boca, onde as glândulas salivares ainda estavam dormindo. A esses medicamentos incluí um soro para o nariz a fim de lubrificar e também ajudar com a ausência da saliva.

Isso dura alguns meses...

Há que se ter disciplina e vontade de se recuperar e, assim, ir consertando uma secura aqui, uma pele fragilizada ali, um movimento acolá, uma necessidade nova que o organismo apresenta. O corpo vai exigindo reparos, e a gente executa com alegria por ver cada reação. Afinal, se pararmos para pensar, o corpo humano é mesmo assim, os olhos podem precisar de uns óculos, os ouvidos podem precisar de um aparelho que ajude a ouvir melhor, as pernas podem precisar do apoio de uma bengala... e isso nem tem a ver com doença, mas com o corpo humano que precisa de ajustes depois de um tempo de uso.

Pensar em 8 a 12 semanas parece uma eternidade, mas tudo começa a melhorar depois de um ou dois meses. As sensações da boca não voltam exatamente ao normal, da forma que era antes, mas chega bem perto. O apetite é o segundo item a retornar. A gente ainda não sente fome, mas já come com alguma vontade. O paladar é o mais difícil. Na verdade a gente possui uma memória dos sabores e ao colocar algum alimento na boca a gente se lembra do sabor e aos poucos vai sentindo isso na boca. O aroma também é muito importante porque ele ajuda a acordar a memória. Com alguns alimentos primeiro, no meu caso, foi mais fácil o retorno de sabores com alimentos salgados do que com os doces que demoraram bem mais para ficarem saborosos, mas o prazer de estar comendo já nos faz agradecer muito toda melhora.

A fé que (não) se abala

Perceber que após a primeira cirurgia a cura ainda não estava completa não é um diagnóstico fácil e, de alguma forma, mexeu com a minha fé!

Conversei nesse momento e converso todos os dias, o dia todo, com Deus, Jesus Cristo, Virgem Maria, Anjos e Santos de Deus, Espíritos de Luz que interagem conosco.

A fé (in)abalável seguia e segue a me impulsionar e naquele momento da nova descoberta a fé se apresentou em forma de crença e questionamentos. Não um questionamento a Deus, mas um questionamento sobre os próximos passos, sobre as dúvidas que tudo isso me causa e sobre a vitória.

Gostaria de escrever que é uma fé inabalável, mas nem sempre, nem todos os dias são assim. Há momentos de fragilidade, momentos em que eu mais rezo, mais imploro, primeiramente para que a fé não esmoreça, depois para que cada súplica seja ouvida e misericordiosamente atendida.

No dia da celebração de Domingo de Ramos de 2019 fui à missa com certo desânimo, com a fé retraída e quase sem força para olhar para Deus. Na verdade havia pensado durante a semana que Deus havia me abandonado, afinal, havia sido naquela semana a descoberta de que deveria passar por uma nova cirurgia, a retirada dos linfonodos do pescoço, o tratamento e, por isso, conversei com Deus, querendo descobrir o porquê de tudo ainda não ter terminado.

A música que mais me tocara durante a missa na Catedral de Goiânia tinha como refrão a frase cheia de sentimentos proferida por Jesus Cristo na Cruz: "Meu Deus, Meu Deus, por que me abandonaste?". Aquilo soou como uma resposta para minha indagação anterior e, naquele momento, senti-me mal, pois me senti como se estivesse comparando-me ao Filho do Criador e vi-me como uma criatura insolente. Arrependida, pedi perdão!

A missa revitalizou-me, deu-me força e fez-me voltar para casa muito melhor do que havia saído; aliás, como sempre acontece. Sabia que Deus não me abandonara, pelo contrário, como no texto "pegadas na areia", Jesus carregava-me no colo.

Nessa mesma semana, tomei conhecimento do depoimento de um atleta diagnosticado com uma doença que o afastaria das competições. Era um atleta renomado, de conquistas, no auge da carreira de muitos títulos e vitórias. E, para ele, impávido diante da situação, fora perguntado se ele não questionava Deus sobre o porquê de tê-lo apresentado à doença no auge de sua carreira brilhante; e ele, sereno, respondeu que não, pois, se nos momentos de glória ele nunca perguntou a Deus porque ele era o eleito, porque, entre tantas pessoas, ele havia sido abençoado com uma carreira de glamour, também não se sentia no direito de questionar a dor. Simplesmente, aceitava a glória e a experiência do amargo com a mesma fé!

Disso, tentei aprender a lição e ter um comportamento similar!

Deus não me escolheu só para a doença, muito pelo contrário, escolheu-me para o aprendizado, para tudo o que consegui estudar, para os milhares de cursos que fiz, para a carreira que abracei, para as viagens e os lugares que conheci, para a família linda que construí, para as pessoas que cruzaram o meu caminho, para os livros que escrevi, para as aulas que ministro, para os alunos que consigo impactar, para o legado que consigo deixar para aqueles que convivem comigo. Ele escolhe-me todos os dias e apresenta-me diversas experiências. Essa era só mais uma delas!

Creio nos milagres diários, que existem em cada pequena forma de existência, em cada resplandecer que a vida acontece. Creio no milagre de estar em mãos competentes da medicina, no efeito dos medicamentos, na cicatrização da pele que foi cortada na cirurgia, na regeneração das células que fazem o trabalho dos tecidos que foram retirados. Creio no milagre de poder me alimentar mesmo enquanto recebia radiações diárias na boca e na garganta. Creio no milagre de ter um corpo forte que resistiu a tantas interferências cirúrgicas e de medicamentos.

Tudo é um milagre!

E assim, tudo é também a presença de Deus e, como disse, a fé é algo que se sente e se vive, difícil de traduzir em palavras, afinal, para aqueles que não creem, nenhuma explicação é suficiente; e para aqueles que creem, nenhuma explicação é necessária.

A continuidade do apoio da família e dos amigos

Certo dia, assistindo um jogo de futebol do Liverpool[3], descobri que o lema do Clube é *You'll never walk alone* e que os seus torcedores cantam a música lema antes de cada partida com a garra, a vontade e a irmandade capaz de arrepiar qualquer gélido coração.

Durante os dias de recuperação da cirurgia realizada para a retirada dos linfonodos eu restaurava-me quietinha, de repouso, no sofá da sala quando o Liverpool iria jogar e tinha o desafio de vencer o Barcelona[4] por um alargado placar, já que havia perdido o primeiro jogo das semifinais da *Champions League*[5] 2019, por 3 a 0.

Entrou em campo com um desafio imenso, sem dois de seus principais jogadores e tendo como rival a equipe de Messi[6]. Sim, porque, além de jogar contra o Barcelona, lá havia o Messi! E quem gosta de futebol sabe que isso não é pouca coisa.

---

[3] O Liverpool Football Club ou L.F.C é um clube de futebol profissional, com sede na cidade de Liverpool, noroeste da Inglaterra. Foi o primeiro time a cantar a música na década de 1960, que depois também se tornou símbolo de outros clubes de futebol.

[4] Barcelona, popularmente também conhecido como Barça, é um clube de futebol profissional, com sede em Barcelona, Catalunha.

[5] Champions League–A Liga dos Campeões da UEFA é uma competição anual de clubes de futebol a nível continental, organizada pela União das Associações Europeias de Futebol e disputada por clubes europeus.

[6] Lionel Andrés Messi Cuccittini mais conhecido como Messi, é um jogador de futebol que nasceu em 1987, na Argentina e atua como ponta-direita ou atacante e defende o Barcelona e a Seleção argentina, em que é capitão por ambas. Na opinião da grande maioria dos especialistas do esporte, sua qualidade técnica, jogadas, velocidade, habilidade na perna esquerda, trabalho de equipe e extraordinária vocação para o gol, o tornam um dos melhores futebolistas de todos os tempos e do mundo atualmente.

Mas os meninos de Liverpool[7] não estavam sozinhos e, se, de um lado havia Messi, do outro, havia uma legião de jogadores fora do campo que emanavam suas energias para as pernas, mentes e corações dos 11 que estavam em campo.

E, por serem muitos, fizeram o impossível, venceram por 4 a 0 e chegaram à final, derrotando um Barcelona apático e incrédulo que, antes da partida ser iniciada, já tinha a vitória e a classificação como certas. Ignoraram o Messi e jogaram como gigantes. Ali, foram milhares em campo!

Ao final do jogo, time e torcedores entoaram mais uma vez a canção *You'll never walk alone*, dos compositores Oscar Hammerstein II e Richard Rodgers de forma emocionada e verdadeira. Por não estarem sozinhos tiveram força para vencer o adversário.

O trecho final da música representa a força e congregação e é muito emocionante quando um coro imenso entoa os versos:

Though your dreams be tossed and blown
Walk on with hope in your heart
And you'll never walk alone

Mesmo que seus sonhos estejam esmagados
Siga em frente, com a esperança em seu coração
E você nunca andará sozinho

Essa música e a sua simbologia impingida pelo Liverpool mostraram-me que a vida é mesmo assim. Temos dificuldades e às vezes tempestades, mas se estivermos apoiados, se tivermos com quem contar, tudo será possível.

De alguma forma, com o passar e a evolução da situação, ficou mais fácil partilhar, falar sobre tudo o que estava acontecendo, querer conversar e querer ajuda.

---

[7] *Meninos de Liverpool* é o termo utilizado para referenciar a banda *The Beatles*. Utilizei o termo somente para fazer uma alusão à genialidade da banca (de quem sempre fui fã) à genialidade da partida de futebol protagonizada pelos jogadores do Liverpool.

Deus deu-me forças para falar com cada pessoa, incluindo meu filho de 13 anos. Uma benção, uma conversa simples, clara e que ele compreendeu de forma brilhante com todo amor que devotamos um pelo outro e senti-me muito, muito aliviada por poder contar com ele de forma ainda mais próxima.

Da mesma forma, consegui conversar com a minha mãe e ela também passou a rezar e a torcer sem muitos mistérios.

Descobrir esse segundo capítulo da história foi muito difícil para mim e não mais fácil para o Mateus que, como ele mesmo narrou, apresentava-se como uma nuvem negra que queria pairar sobre a situação, deixando tudo obscuro e medonho.

Sem chão Mateus buscou forças em sua mãe, a Zenaide, mulher de fé e de superação. Minha sogra não hesitou em pegar o avião e acompanhar de perto a minha segunda cirurgia, sendo colo para o Mateus e para todos nós, eu e meus filhos. Tê-la presente foi muito importante.

Para meu esposo, a presença de sua mãe lhe dava um conforto diante da situação, e quando a fé e a certeza de sucesso da cirurgia pareciam querer se distanciar de sua convicção, tudo foi milagrosamente recuperado; a confiança pôde ser restabelecida e a certeza do sucesso estava presente com a presença de sua mãe. Com ela, as coisas tornaram-se mais leves, racionais e possíveis. Milagres de Deus que se manifestam com mais força pelo carinho de mãe, é claro!

Depois de uma semana, a Zenaide voltou para São Paulo, e a rotina da minha casa foi alterada fazendo com que meu marido e meus dois filhos assumissem as minhas tarefas, redistribuindo entre eles aquilo que era feito por mim. Com carinho e um sorriso se viram sobrecarregados, mas calados e com muito amor, nunca proferiram uma palavra de cansaço ou de desânimo, muito pelo contrário. Animavam-se mutuamente e animavam-me também.

Meu filho Luca, cozinheiro exemplar assumiu a cozinha e dividia essas tarefas como meu marido Mateus que sempre se aventurou nos dotes culinários.

Além disso, Luca virou meu enfermeiro e assumiu os cuidados de curativos, assepsias, cremes, loções, exercícios e companhia nos inúmeros filmes e seriados.

Mateus fazia de tudo (como sempre), acompanhava-me em cada consulta, também a rotina de supermercados, empórios, padarias, a vida como motorista.

Além de tudo Mateus é, e sempre foi, um pai muito presente e assumiu toda rotina do Gabriel, entre escola regular, inglês, natação, espanhol, violão... E tudo o que a vida de um adolescente pode ter.

Diferentemente da primeira cirurgia, a segunda intervenção cirúrgica precisava de mais suporte, mais tempo de afastamento das minhas atividades profissionais, mais tempo em casa. Assim, um grupo muito maior de pessoas acabou participando do acontecimento, entre amigos, alunos, colegas de trabalho, família. Como anteriormente ocorreu, o sentimento maior de cada um com quem pude partilhar esse processo sempre foi o da oração, da fé, de depositar em Deus a esperança da cura. Gente de todas as religiões e credos que, rotineiramente, enviavam-me mensagens, frases, orações, bênçãos e motivos para não desistir.

Além dos meus amigos, recebi o carinho dos amigos deles, os seus amigos, ou seja, os amigos dos amigos, os amigos dos familiares, os amigos dos parentes. Sim, porque cada um que conhece uma história de saúde tenta extravasar a dor dividindo a tristeza com alguém mais próximo. Por isso, era muito comum eu conversar com alguém e ouvir:

– Sabe, eu estava comentando, conversando, falando com fulano que narrou um caso muito similar ao seu que aconteceu em seu núcleo de conhecidos e ele me disse que...

Na verdade, sempre existem casos similares em todas as famílias, em todos os núcleos de conhecidos. Sempre há alguém que conhece alguém que também passa por um processo de superação e busca de uma restauração da saúde, principalmente quando a doença é um tumor cancerígeno.

Nesse momento em que tudo é uma novidade para mim e para os que me cercam, ouvir casos de superação, de cura, de vitória é uma forma de acreditar, de saber que pode dar certo e, curiosamente, porque o ser humano é mesmo assim, apega-se aos casos de sucesso. E, mesmo nos momentos em que alguém narra um caso que não foi bem sucedido, busca completar a frase com... mas com você será diferente!

Assim, muitos me poupavam de ouvir histórias tristes, mas alegravam-se em me contar fatos de superação.

Essas pessoas foram fundamentais. É muito importante saber que há gente que torce e vibra com a vitória!

A Lívia e sua mãe a Vamilda, uma das mulheres mais elegantes que conheço; assim como a Priscilla e sua mãe, a Sandra, que também é uma mulher extremamente elegante (acho que tenho um dom para atrair alunas inteligentes, filhas de mães elegantes), foram pessoas muito especiais, mulheres de muita fé e muita força, que já provaram muitos desafios da vida e com quem muito aprendo.

Junto à Priscilla, também tem o esposo, Giovani, e a sogra, Mariane, pessoas de fé, de coragem, cujas vibrações e orações que a mim dedicaram fizeram desse processo algo possível.

Com a Priscilla e a Lívia pude compreender que Deus coloca alunos e suas famílias em minha vida que certamente já eram meus amigos há muito tempo, só faltava a gente cruzar o mesmo caminho.

E por falar em encontrar pessoas que a vida apresenta, em 2017 fui para Vinhedo, São Paulo, para o casamento da Kris e do Rodrigo. Em uma linda festa, reencontrei-me com a amiga Patrícia, que mora em Vinhedo, e conheci a Erika, que veio de Dubai, onde reside, para ser a madrinha desses primos queridos. Lá dançamos, conversamos e celebramos a vida e o amor. Estávamos muito bem.

Em 2018, eu e a Erika descobrimos a existência de um tumor maligno e a Patrícia descobriu, em 2019, que também lutaria contra o câncer.

Como a vida tem mesmo seus caprichos, a Erika recebeu o diagnóstico quando estava grávida de seu primeiro filho, e a Patrícia recebeu o diagnóstico quando estava prestes a se casar. É claro que a vida das duas foi impactada em momentos em que só a alegria deveria imperar. Erika dividiu o prazer do parto com a incerteza do momento, e a Patrícia teve que dividir os cálices da alegria com os da insegurança tanto na cerimônia de casamento como na lua de mel.

Paralelamente à nossa vida, cada um vai escrevendo a sua própria história e a gente vai aprendendo com cada uma delas. Partilhar nossas experiências, de alguma forma, fortalece-nos e vemos que é possível seguir.

Durante meu tratamento, o casal Janini e Fabrizzio (meus sobrinhos) travava suas batalhas de superação com a interrupção de uma desejada e comemorada gravidez e a morte do pai da Janini, que lutou contra um câncer de boca (Sim, leitor, você leu certo!).

Muitas vezes, falei com a Janini e a ouvi questionar sobre qual era a fonte de onde tiraríamos a força! E sempre respondi:

– A força está em nós, Deus já nos deu!

Ela, com fé e esperança, sempre acreditou!

A Vanise foi ombro de desabafo quando resolvi rebelar-me pelos efeitos do tratamento. Chorou comigo e acalmou-me, dando-me esperança e fé. Receber o carinho da Vanise mostra mesmo como a vida, muitas vezes, dá voltas para chegar ao ponto que quer para nos mostrar aquilo que precisamos ver; ou nos colocar próximos daqueles que precisamos reencontrar.

Conheci Vanise ainda muito jovem, adolescente, no meu primeiro emprego em São Paulo, na década de 1980, quando ela era minha chefa, a profissional que eu admirava e que me ensinou a trabalhar. Era linda, doce, protetora e era muito bom guiar-me por seus passos. A vida seguiu, e eu a tinha visto pela última vez no início da década de 1990. Após anos, muitos anos, em 2014, o nosso reencontro desenhado por Deus foi pintado pelos artistas europeus, e o cenário foi a Baia de Cascais em Portugal, quando tomamos vinho, brindamos a vida e celebramos poder contar o que tinha acontecido conosco durante o tempo que estivemos separadas. Nossos maridos, filhos... a partir daí, encontros em todas as vezes que pude ir a São Paulo, estado em que ela reside.

Hoje, depois dessa experiência de saúde, continuamos a brindar a vida, por enquanto ainda sem vinho, mas quem sabe em breve!

A Lethícia foi a aluna que necessitou de mais atenção e que precisou ser muito compreensiva porque estava às vésperas de entregar uma dissertação de mestrado orientada por mim. Eu, em meu momento mais desorientado da vida precisava de uma bússola que me desse um norte e não tinha nenhuma condição de ler ou digerir qualquer ciência. Ela foi firme, determinada, e seguiu com nova orientação, com novos desafios e uma gentileza em torcer por mim, rezar, partilhar seu carinho e sua fé. Por fim, escreveu uma dedicatória em sua dissertação capaz de muito me emocionar e encher-me de orgulho e, assim, ganhei mais uma aluna-amiga.

Também tiveram outros amigos, como Angelita, Annelise, Bernadete, Fernando, Goiamérico, Gustavo, João Victor, Julia, Karen Vanessa, Larissa, Maria Luiza, Pedro Henrique, Regina, Rosana, Sula (que enviava energias positivas lá da Espanha), Tatiana, Tessa, Tonny, Vera...

Cada um ajuda como pode, uns rezam, outros vibram, outros visitam, alguns telefonam. A Marina, professora amiga presenteou-me com a melhor pomada para queimadura causada por radioterapia que podia existir; aliás, sobre as pomadas, formou-se uma rede de solidariedade, e a Ivone que mora na França, amiga da minha irmã Shirley, enviou a pomada pelo seu filho. E assim foi, um que indicava o outro, que partilhava com o próximo, que fazia alguma coisa acontecer.

Todos os amigos e familiares que narrei anteriormente, na primeira fase desse livro, é claro, continuaram a acreditar que conseguiríamos e sem esmorecer seguiam com as orações, as vibrações, as sopas (muitas sopas), os mimos em forma de presentinhos que adoçam a alma, as flores! Sempre tentaram enviar alguma coisa, trazer algo concreto e espiritual sem saber que tudo o que eu sempre precisei se resumia a eles mesmos, cada um de seu jeito, porque, sem eles, nada seria como foi, simplesmente possível!

Parte 4

CARTAS E MENSAGENS

Os agradecimentos também são difíceis de expressar em palavras, porque o sentimento de gratidão não encontra termos suficientes que os expresse. Às vezes, prefiro um olhar, um abraço, um afago, mas compreendo que as palavras podem representar o que as entrelinhas buscam preencher. Sou grata a cada pessoa que participou desse processo, dessa experiência. Assim deixo uma carta ao meu marido, aos meus filhos, aos meus alunos, aos profissionais da medicina e aos meus familiares e amigos, por serem fundamentais e muito, muito especiais em minha vida!

Carta aos meus filhos

Meus filhos nunca saberão o tamanho, a forma e a intensidade de meu amor por eles.

Não porque eu não diga, aliás, digo isso todos os dias, várias vezes ao dia, sempre que os abraço, sempre que me despeço para que eles possam ir à algum lugar, sempre que me despeço antes que eu vá a algum lugar.

É sempre uma pergunta retórica, porque eu sei sempre a resposta:

– Você sabe que eu te amo?

– Sim, mãe!

Eles dizem sempre que sim, mas nunca, nunca saberão o quanto.

Quem tem filhos sabe que não existe amor igual, maior, mais intenso do que o amor que sentimos pelos filhos.

É diferente do amor que sentimos pelos nossos pais, pelo nosso cônjuge, pelos irmãos, pelos amigos, pelos professores, profissionais, por quem nos rodeia.

Eu amo muito meus alunos, por exemplo, mas é diferente!

Amor de filho é amor de doação, de vida fora de nosso corpo, de um coração que é nosso e que bate fora da gente.

Tudo que faço, tudo que penso, tudo que sonho, tudo que vivo e respiro perpassa por saber que meus filhos estarão bem, saudáveis, felizes e satisfeitos.

Tudo é por eles e para eles. Tudo que existe no mundo? Claro que não, isso é ilusão, ninguém jamais terá! Mas tudo o que julgo ser bom e importante para que eles cresçam, em todos os sentidos que essa palavra possa ter.

Tenho dois filhos.

Primeiro, nasceu o Luca, em 1996, quando eu tinha 29 anos de idade e nem sabia ser mãe, mas como dizem, quando nasce um bebê, nasce também uma mãe e eu nasci com ele.

Cheia de dúvidas, de incertezas, de medos e de curiosidades. Mas também cheia de alegria, de expectativas, de vontade de acertar e de mais curiosidade.

Com ele, aprendi a ser mãe e fomos crescendo, ele em tamanho, peso e músculos; eu em experiências; nós dois em alegrias!

Com ele, vivi o meu primeiro dia das mães, revivi o Natal com a vinda do Papai Noel, a páscoa com muito mais ovos do que qualquer criança seria capaz de comer até que chegasse a próxima páscoa.

Com ele, vivi o primeiro dia de aula... Ah! O primeiro dia de aula que, possivelmente, não será lembrado por nenhuma criança, sobretudo, hoje em dia, quando as crianças chegam muito cedo às escolas, mas um dia inesquecível para qualquer mãe. Um dia de choro, aflição, medo!

Medo de deixar o ser mais importante e precioso do mundo aos cuidados de alguém estranho. O medo de saber que seu filho será mais um entre tantas crianças imersas naquele espaço físico.

Medo de que seu filho não coma, não vá ao banheiro, não goste da professora ou dos coleguinhas. Medo de que não consiga se socializar, brincar, sentir-se acolhido...

Meu Deus! O primeiro dia de aula, e vários outros que se seguem são capítulos na vida de qualquer mãe que marcarão para sempre a relação de seu filho com o mundo.

A formatura dos doutores do ABC é comemorada como a colação de grau em Física Quântica na *Harvard University*. O orgulho de vê-lo receber o canudo, cantar a música que ensaiou durante meses para fazer uma linda apresentação (mesmo que tenha cantado só a metade e ficado mais maravilhado com a plateia do que com o espetáculo que deveria realizar), o abraço apertado na professora, que, orgulhosa, realiza-se em todos os pequenos gênios.

A beca era azul e branca, com direito a capelo com plumas, sapato novinho e, ao final da solenidade, a colocação do anel de ouro brilhando, com escrito ABC, no pequeno dedo. Nele, toda a esperança de um futuro brilhante, como o ouro do anel em todos os demais anos escolares que se estenderiam.

No dia seguinte, ele já estava colando grau em Análise e Desenvolvimento de Sistemas na universidade, sim, foi no dia seguinte... ele já estava lá, novamente, enchendo-me de orgulho e emoção, a cor da beca mudou, agora era preta, mas a faixa era azul, talvez uma relação com o início, quando tudo começou e uma referência gentil à linha de largada.

É claro que estudar não acaba nunca, mas marcar os momentos de glória e de conquista é fundamental para que tenhamos força e estímulo para continuar e, para a mãe, um sinal de vitória, de conquista e de que venceu!

Entre uma solenidade de formatura e outra, vivemos muitos dias de alegrias corriqueiras, de conquistas diárias e de glórias. Cada refeição juntos, cada conversa (e o Luca fala mais do que tudo neste mundo... deve ser inspiração da mãe, hehe), cada conselho, cada correção.

Muitas viagens, a alegria de levá-lo à Disney, ainda que tenha sido a Eurodisney. Alguns Países, muitas cidades no mundo. Experiências, comidas, bebidas, monumentos, avenidas, igrejas (muitas igrejas), praças, hotéis, casas alugadas, sol, praia, neve, campo, montanhas, milhões de fotografias. Enfim, mostrar-lhe tudo o que eu podia sobre o mundo, in loco!

Entre uma viagem e outra, entre uma formatura e a outra, chegou o Gabriel. O irmão do Luca, um filho depois de nove anos do nascimento do primogênito. Nasce em 2005, o enviado de Deus que eu recebi com muito amor, emoção, carinho e surpresa.

Com ele, reaprendi a ser mãe, aliás, descobri que a gente aprende a ser mãe todos os dias, com cada aprendizado seu, também precisamos aprender como fazer, como lidar, como resolver.

Ter dois filhos não é simplesmente uma soma de um mais um, é mais, é ter duas experiências distintas, de duas personalidades que chegam junto com dois seres enigmáticos. Nada é igual ao primeiro, nada se parece com as experiências já vividas, nada é como foi.

Em algum momento, percebi que não são só os filhos que são diferentes, mas cada um deles encontrou uma mãe diferente. Eu mudei depois dos nove anos, mudei como ser humano e mudei como mãe... melhor, ou pior, não é essa a relação. Só diferente!

Assim, eu tive a experiência e o privilégio de ter um novo filho único chamado Gabriel, em uma família com pai, mãe e irmão.

No início, era tudo novo para uma família que havia vivido por quase uma década em trio, demorou uma hora para que estivéssemos absolutamente habituados a viver em quatro, e nosso vínculo era tão forte que chego a pensar que sempre foi assim, mesmo antes do Gabriel chegar.

A relação entre os dois irmãos é meu maior orgulho. O amor recíproco é o que me enche de certezas de que está dando certo!

Assim, no gerúndio, porque isso é uma busca, uma conquista e um exercício diário.

Com eles, continuo aprendendo a ser mãe, em cada etapa da vida, em cada fase, em cada descoberta deles, que também é minha.

Com o Gabriel, vivi o primeiro dia de aula...

– Ué? Não tinha sido com o Luca?

Sim, com o Luca o primeiro dia do Luca e com o Gabriel o primeiro dia do Gabriel.

Ah! O primeiro dia de aula que possivelmente não será lembrado por nenhuma criança, sobretudo, hoje em dia, quando as crianças chegam muito cedo às escolas, mas um dia inesquecível para qualquer mãe. Um dia de choro, aflição, medo!

Ué, esse parágrafo está copiado do parágrafo acima? Sim, porque a aflição é mesmo igual!

Medo de deixar o ser mais importante e precioso do mundo aos cuidados de alguém estranho. O medo de saber que seu filho será mais um entre tantas crianças imersas naquele espaço físico.

Medo de que seu filho não coma, não vá ao banheiro, não goste da professora ou dos coleguinhas. Medo de que não consiga se socializar, brincar, sentir-se acolhido...

Meu Deus! O primeiro dia de aula, e vários outros que se seguem são capítulos na vida de qualquer mãe que marcarão para sempre a relação de seu filho com o mundo.

Parágrafos repetidos novamente?

Sim, porque quando se trata de cuidados e dramas é igual mesmo!

A formatura dos doutores do ABC é comemorada como a colação de grau em Química Forense na *University of Oxford* (ia dizer que era Física Quântica na *Harvard University*, mas foi só para ser diferente, porque o orgulho de vê-lo receber o canudo, cantar a música que ensaiou durante meses e o abraço apertado na professora, que, orgulhosa, realiza-se em todos os pequenos gênios... foi igual!).

A beca era branca, com direito a capelo com plumas, também branco e fez com que Gabriel ficasse mesmo como um anjo, lindo, maravilhoso e radiante!

Os sapatos novinhos e, ao final da solenidade, a colocação do anel de ouro brilhando, com escrito ABC, no pequeno dedo. Nele também toda a esperança de um futuro brilhante como o ouro do anel em todos os demais anos escolares que se estenderiam.

Luca é tecnológico, Gabriel também. Luca não gosta de dançar, mas Gabriel é baladeiro. Gabriel tem uma veia artística, toca violão para mim e emociona-me como nem Yamandu Costa[8] seria capaz!

E, antes que alguém me pergunte por que narrei com detalhes a existência de meus dois filhos, a resposta é óbvia! Porque é por eles que encontrei energia e vontade de seguir com o tratamento, por eles comi quando era impossível, sorri quando seria mais fácil chorar, rezei e implorei pela vida nos ouvidos de Deus, lutei com determinação para ver tudo terminar. Por eles encontrei força e disposição de ser curada.

Por eles, sempre tive entusiasmo e esperança de viver! Viver para eles, por eles e com eles!

E quem tem um motivo assim tem todas as possibilidades!

Imagine eu, que tenho dois!

Meu carinho aos meus amigos e familiares

Amigo é a família que a gente escolhe, e família são os amigos que Deus coloca em nossas vidas. Assim, acho que há uma forte relação entre esses dois grupos que mais do que humana, também é divina!

Não é por acaso que, frequentemente, usamos termos familiares para designar amigos e termos amigos para designar familiares,

---

[8] **Yamandu Costa** é um violonista e compositor brasileiro, nascido em janeiro de 1980 em Passo Fundo e criado na cidade de Guaíba. É considerado um dos maiores violonistas do Brasil e do mundo. Filho da cantora Clary Marcon e do multi-instrumentista e professor de música Algacir Costa. A quem deixo aqui a minha homenagem e meu respeito!

tais como, essa minha amiga é uma verdadeira irmã, ou meu pai é meu grande amigo.

As apropriações recíprocas de termos cognitivos de um grupo para o outro deixa claro como na nossa vida essas pessoas se misturam, entrelaçam-se e comungam da mesma importância para a nossa existência.

Essas pessoas possuem uma participação ativa e passiva quando existe um evento de doença e no seu processo da cura, pois, de alguma forma, também são atingidos pelo acontecimento. É claro que cada um numa proporção, mas todos acabam por sofrer um impacto.

Existem aqueles que, além de amigos, estão próximos diariamente por motivos profissionais como o Milson, meu amigo-irmão que lamentou minha ausência em sala de aula, palco onde nos encontramos semanalmente e exercemos a atividade docente com muita paixão e um respeito mútuo que nos permite entrar em sala de aula juntos, ensinarmos juntos, falarmos juntos. Quem é professor sabe que para isso é necessário muita sintonia que nós dois conseguimos pelo olhar ou em pequenos gestos e fazemos isso de forma tão natural como se fosse fácil.

Milson não hesitou em assumir sozinho as nossas aulas e, ao sentir a minha ausência, criar força para sempre dizer aos alunos:

– Vamos seguir que a Simone está ótima!

Também foi ele o interlocutor dos acontecimentos desde o meu afastamento da Universidade. Era ele que atualizava as notícias nas redes sociais, confortava os amigos, alunos e professores que o questionavam sobre o meu estado. De forma sempre otimista, falava de mim melhor do que eu mesma seria capaz.

Milson também acompanhou esse processo desde quando ele nem existia, mas já me ouvia reclamar de algumas aftas. Sem querer acreditar que poderia ser algo mais grave, consolava-me a cada diagnóstico que com ele partilhei e sofria com cada resultado que apontasse uma situação mais grave.

Não foi fácil me afastar da sala de aula, foi menos fácil me afastar da rotina de aulas com o Milson, mas foi, ao mesmo tempo, confortável saber que ele fez tudo em dobro, por ele e por mim!

Profissionalmente, outros professores foram impactados, a Flávia, a Eva, o Mayllon, a Ana Carolina, cada um, com carinho, afeto e solidariedade assumiu minhas funções na Universidade e cumpriram a docência por eles e por mim.

Também os discentes que atuaram como professores, meus alunos do Mestrado, do Doutorado, que exerceram a função de monitores, orientadores, ajuda administrativa. Voluntários que com carinho e abdicação de suas próprias atividades, comunicavam-me com alegria o êxito em suas tarefas e, alegravam-se por me substituírem, sem saber que o maior orgulho sempre foi meu. Ao Carlos, minha eterna gratidão!

Nessa vida de dedicação à docência, muitos amigos se tornaram meus alunos, muitos alunos se tornaram meus amigos, e há uma simbiose nesse processo.

Minha família acompanhou cada momento e em muitos deles eu os acalmava, já que não moramos no mesmo estado do Brasil, alguns moram em outros países. Tenho uma família pequena e espalhada, por isso nosso convívio presencial é limitado, mas sempre os tenho por perto, porque a distância não afasta o que o coração aproxima.

Assim, quero expressar minha alegria por ter amigos e membros da família que fazem a minha vida ter mais sentido. Com vocês o processo foi possível!

Mensagem aos meus alunos

Meus alunos também nunca saberão o quanto eu amo-os. Um amor fraterno, quase materno, de acolhimento e de torcida, para que possam aprender, crescer, reconhecerem-se em uma profissão, aprimorarem os conhecimentos, tornarem-se pessoas melhores pelas mãos da educação.

São muitos, centenas, da graduação à especialização, do mestrado ao doutorado. A cada semestre, novos relacionamentos que eu posso experimentar com pessoas de diversas personalidades, gostos, gênio, histórias de vida. Todos com tanto tão diferente, mas com algo igual, a busca por transformarem suas vidas pela magia da educação e, assim, sinto-me muito importante e muito responsável pela transformação.

A docência escolheu-me, da mesma forma que eu a escolhi, e nós passamos a viver em uma doce e feliz harmonia.

Eu não nasci professora, mas, desde criança, a possibilidade rondava minhas ideias e minhas ações. Costumo dizer que um dia sonhei que poderia ser professora, brincava no quintal da casa de minha mãe, numa lousa preta, clássica, com giz branco e imaginava o quintal cheio de alunos. Brincava sozinha, quer dizer, cheia de alunos imaginários, e isso me parecia algo sério, cheio de responsabilidade por poder ensinar outras pessoas.

Cresci e a vontade passou, com o curso de Relações Públicas, a vontade de ser professora não fazia parte de meus novos sonhos de ganhar o mercado, ser RP, fazer eventos, criar campanhas, alavancar as empresas. Tudo isso sim, parecia sério e bom.

Os dias foram ficando muito emocionantes, e a prática da profissão enchia-me de satisfação e completude... até que o ambiente escolar fez falta e gritou em uma necessidade de voltar a estudar. Então, voltei, um pouco por força do mercado, um pouco por desejo de qualificação, um pouco por ilusão de incrementar o salário.

Lecionar... Bem, isso ainda não era uma convicção, mas, nesse momento, até era uma possibilidade.

Virei mestre e, com o mestrado, a prática da docência, naquele momento, era uma vaidade. Ser professora, ter um título, tudo isso era novo, mas admirável e parecida bom.

Então, mergulhei na prática da docência, para ensinar. Ensinar outras pessoas a serem profissionais, ensinar a estudar, ensinar a trabalhar, ensinar, ensinar, ensinar...

Pura ilusão. Mal sabia que a docência tem seus caprichos e nem sempre se revela nos moldes do esperado.

Então, percebi que, entre o conhecimento, a ciência e a docência, existem os alunos.

Ah! Os alunos, seres de metamorfose, gente de obscuridade, indivíduos de surpresas.

E, então, percebi que Cora Coralina estava certa ao afirmar que feliz é aquele que aprende o que ensina.

Então, decidi aprender.

E, a cada nova turma, mais aprendo, mais testo minhas habilidades, mais exercito a docência.

Se estou falando de ciência? Ah! Não, isso é simples e quase mecânico, isso se aprende... estou falando de vida, de gente e de comportamento... Isso se exercita.

É um exercício diário de reflexão a cada colocação, de busca por respostas a cada questionamento, a cada inquietação, de paciência a cada pirraça e rebeldia.

Em cada encontro, a descoberta da importância da resiliência, da calma e da humildade.

Com cada aluno, cada um de seu jeito, de seu modo, de sua forma, reaprendi a respirar e a dialogar... Muitas vezes a negociar.

Com todos os alunos compreendi que entre o plantar e o colher existe o regar e o esperar e que cada um amadurece mesmo no seu tempo, mesmo que a gente insista achar que pode apressar.

Com a docência, aprende-se que nada é o que foi... que a vida não se repete, que cada dia é diferente, que cada ato é inovador, que cada ser é completo e complexo em si mesmo.

Ah!!! Também aprendi que cada um só faz aquilo que quer, que gosta e que lhe dá prazer, mesmo quando o discurso é motivador, as convicções pré-definidas dos alunos se sobrepõe às palavras de incentivo e cada um só desfruta mesmo é de suas experiências.

Na docência sempre fui livre e deixo cada discente livre também, e com isso pude ver o quanto a liberdade pode ser dura para aqueles que não sabem o que fazer com ela.

Mas também vi muitos frutos amadurecerem, flores em seu esplendor e muitas colheitas a serem feitas.

Tudo o que pude estudar, as produções que eu tive capacidade de fazer com artigos científicos, livros, apresentações em eventos. Cada novo aprendizado se reflete em sala de aula e auxilia na busca por ser uma professora melhor. Tudo é pelos alunos e com os alunos, sempre.

Ao longo dos anos percebi que o conhecimento científico e técnico é relativamente fácil, a gente estuda, escreve, estuda novamente e vai! Mas a docência não é isso, ser professor é saber que não se trabalha com técnica, tampouco com ciência, isso é ferramenta. O professor trabalha mesmo é com gente, construída e remoldada a pó de giz (real, ou metafórico). Muitos me dizem que para ser professor é preciso gostar de estudar, eu concordo, mas retruco:

– Para ser professor, é preciso gostar de gente.

Porque, quando o professor coloca a razão da aula nos alunos e não no conteúdo, ele consegue entrar em sala de aula e mudar completamente tudo o que ele planejou para aquele dia a partir do humor, da disposição, da vontade e da recepção dos alunos. É preciso saber olhar, compreender sem expressar, sentir sem tocar, falar sem dizer e, assim, comunicar-se pelos poros e pelas vísceras e, então, transmitir aquilo que é necessário.

Olhe para seu público, seus alunos sedentos de uma palavra de transformação e de inspiração que nem sempre se aprende com os livros, mas se aprende com as pessoas, com o querer ver gente sendo melhor!

Assim, a docência transformou-se em algo vital, como respirar, comer, dormir, andar e sentir, assim é também o ensinar.

Em dezembro de 2018, não conversei com meus alunos, porque a cirurgia foi feita no período em que eu já havia concluído o ano letivo e, como tudo para mim era uma novidade, julguei que tudo passaria muito rápido, e que, em 2019, retornaria às minhas aulas normalmente. E foi o que ocorreu, em fevereiro de 2019, retornei às aulas, e tudo corria muito bem, até que o novo diagnóstico imporia um novo ritmo.

Dessa forma, quando, por conta da segunda cirurgia e dos demais tratamentos, fui obrigada a me distanciar da sala de aula, isso se transformou em um capítulo à parte, uma realidade que precisou ser trabalhada em paralelo à medicina, à religião, à família.

Como eu poderia ficar sem a convivência diária com os alunos, e como eles poderiam ficar sem mim?

Sim, esse foi o outro questionamento. Eu preciso deles, mas preciso ter certeza de que eles também precisam de mim e que torcerão para que tudo dê certo e eu continue a escrever a nossa história de tantos personagens! Eu, suprema em minha postura de maestrina dessa orquestra vendo passar triunfante uma legião de nobres garbosos.

No dia que recebi a confirmação de meu afastamento das aulas, iniciei na Universidade uma escalada de preparação de documentos (e haja documentos), conversas com coordenações, com secretárias, colegas de profissão... tudo isso foi relativamente tranquilo, mas tinha os alunos. Eu queria dizer a eles pessoalmente, olhar para cada um e dizer que esse era um capítulo da minha vida que não escolhi viver, mas que afetaria todos nós e por isso precisaria deles. Precisaria da compreensão, das orações, da torcida, do carinho e da esperança.

Conversei com os alunos, primeiro os alunos da pós-graduação, não porque escolhi, mas porque, durante a semana, as aulas da pós-graduação são ministradas por mim em dias que antecedem as aulas da graduação.

Era uma quantidade pequena de alunos, próprio das classes de *stricto sensu*, pouco mais de uma dezena. Alunos, que, aos poucos, foram tentando compreender o que eu dizia. Algo que não fazia sentido, pois estávamos ali, em uma manhã de quarta-feira para as aulas rotineiras da turma de mestrado e doutorado em Comunicação, quando cheguei e coloquei os materiais sobre a mesa, arrumei o cenário da aula, cumprimentei-os e conversei sobre a vida até que, em poucos minutos, todos os alunos estivessem reunidos e, enfim, eu deveria iniciar a minha fala e a condução da aula com os assuntos propostos na disciplina.

Mas, naquela manhã, o discurso foi outro, o conteúdo não era acadêmico e tampouco sobre a Ciência da Comunicação. Eu falava de tratamento, cirurgia, saúde, afastamento das aulas, palavras que pareciam não caber naquela linda manhã de muito sol, luz, e alegria.

Ou acho que cabia!? E a luz, o sol e a alegria davam-me força para que eu conseguisse pronunciar alguma coisa que pudesse ser compreendido por um grupo de alunos atônitos, que esperavam ansiosamente que eu dissesse que não era verdade, que aquilo seria alguma metáfora de aprendizado e que a aula seria iniciada em instantes com a mesma condução que haviam se programado para ouvir, interagir e participar.

Mas, com o andamento de meu discurso, que durou poucos minutos, mas que pareceram horas para mim e para eles, todos nós, eu e eles, fomos percebendo que era verdade, uma verdade que eu mesma custava introjetar, e que de fato, não introjeto.

Aos poucos, quando as lágrimas começaram a rolar pelas suas faces, eu percebi que eles haviam compreendido e fui finalizando o discurso, pois nada mais precisava ser dito. Há respostas que saem pelos olhos e gritam mais alto do que qualquer som.

Naquele momento, senti-me muito querida pelos alunos, senti que fazia sim diferença se eu estivesse ou não em sala de aula. Senti-me muito acolhida com cada olhar, com cada lágrima, com cada abraço apertado, com cada palavra de incentivo e com cada silêncio perturbador.

No dia seguinte, a experiência seria com uma classe com muito mais alunos e mais jovens, os alunos da graduação, dezenas deles, alguns ainda adolescentes. E eu pensava nas palavras que um adolescente pudesse compreender diante de uma situação que envolve a busca pela cura, pela saúde, em que se coloca a necessidade de cuidar da vida acima de qualquer outro propósito nobre, como a docência. Assim, entrei em sala de aula com a mesma disposição de todos os dias, com a mesma alegria por encontrar os alunos, com a energia imposta na montagem dos equipamentos, na arrumação do cenário de mais um espetáculo de educação.

Como de costume, os alunos foram chegando, preparando-se para a aula, arrumando-se nas cadeiras, conversando uns com os outros (e como conversam!).

Enfim, iniciei o discurso e ele também não tinha em seu conteúdo nada parecido com comunicação, com Relações Públicas, com sociedade, com públicos, com nada que fizesse parte do que deveriam ser as palavras e as frases daquela manhã, mas ele continha frases que remetiam à saúde, cura, distanciamento, afastamento e interrupção.

Aos poucos, os olhos paralisados de alguns dos alunos que me fitavam começaram a transbordar e fizeram com que os meus correspondessem àquele escorrer de lágrimas, dificultando a minha fala e a minha tentativa de explicação. E, quase sem voz, eu pude dizer o quanto eu amava-os, o quando eles jamais saberiam o tamanho e a intensidade, e como seria difícil nesse processo que já é complexo em si mesmo, cheio de relações sociais intensas, ficar fora da sala de aula e ficar distante de cada um deles.

Eles, no auge de seus 18, 19, 20 anos, idade em que as experiências de tristeza ainda são, muitas vezes, escassas, compreendiam o que era possível para o repertório de cada um. Mas todos compreendiam e demonstraram a forma que sentiam, o carinho e a vontade de dizer que se importavam!

Eles importavam-se!

Isso foi um grande incentivo para buscar a cura. Saber que há quem se importe.

Saber que aqueles dias em que estaríamos separados seriam difíceis para mim, mas seria também estranho para eles.

É claro que outro professor cumpriria a função de ministrar as aulas, mas, como eu disse, isso não é mecânico, não tem a ver com a técnica ou o conhecimento científico, tem a ver com a gente, com o meu relacionamento com cada um deles, com as nossas experiências.

Alguém daria as aulas, mas ninguém poderia substituir-me, porque eu sou insubstituível!

Se isso é presunção? Ah! pode ser, mas a docência é mesmo presunçosa desde seu início ao supor que pode ensinar alguma coisa a alguém!

Por outro lado, penso que não... não há presunção em me achar insubstituível, porque não estou falando de ser bom ou ruim, melhor ou pior do que outra pessoa, outro profissional. A questão é ser diferente, ser única em toda a minha complexidade; como cada ser é único em sua complexidade também.

Aprendemos a substituir quando há necessidade. Substituir uma máquina, um equipamento, uma peça... e assim, erroneamente, julgamos ser capaz também substituir uma pessoa!

O modelo capitalista de produção em série e a necessidade de não interrupção em nada que se faça, somado à padronização de produtos finais, fez com que os seres humanos também criassem a errada ideia de que podem ser substituídos em sua atuação na sociedade e nos grupos dos quais participa.

Mas com gente não é assim! Podemos substituir uma máquina, um equipamento, uma peça, mas nunca uma pessoa.

O trabalho que alguém faz, pode ser feito por outra pessoa, mas não é ela, não é a mesma pessoa, porque gente não existe em série. Gente é exclusiva, única, pessoal, inigualável.

Quem acredita que as pessoas são substituídas por outras, assim, de forma mecânica, certamente nunca ouviu a guitarra do

Slash[9], nunca contemplou as obras de Leonardo Da Vinci[10], tampouco compreendeu as ideias de Steven Jobs[11].

E assim, somos nós, cada um com suas particularidades, cada ser único. E assim também sou eu, com minhas características, personalidade, conhecimento, erros e acertos, emoção e forma de atuação.

Nunca me senti com a leve e doce sensação do dever cumprido, porque sei que há sempre um fazer a ser feito. Mas a docência traz-me a nobre sensação de ter feito algo, pois mesmo que minha gota no oceano seja ínfima diante de sua grandeza, ele não seria pleno sem a minha contribuição.

Por tudo isso, deixo aqui minha gratidão a todos os meus alunos que sempre muito me ensinaram.

Mas é claro que, olhando para o lado prático da vida, quando me afastei da sala de aula como prescrevia o médico, outros professores com suas características, personalidades, conhecimentos, erros e acertos, emoções e formas de atuação assumiram as disciplinas, afinal, como aprendemos com o Queen[12]: *"The show must go on"*.

Gratidão aos profissionais da medicina

Como todos os sentidos, expressar em palavras a minha gratidão aos profissionais da medicina que me acompanharam e que seguem acompanhando-me nesse processo é algo fácil, porque vem do coração, mas não sei o quanto as palavras conseguem expressar

---

[9] Slash é o nome artístico de Saul Hudson, nascido em Londres, em 1965. É um guitarrista mundialmente famoso como integrante da formação clássica da banda Guns N' Roses, com quem alcançou sucesso mundial no final da década de 1980 e início dos anos 90.

[10] Leonardo di Ser Piero da Vinci nasceu na Itália, e foi uma das figuras mais importantes do Alto Renascimento, destacando-se como cientista, matemático, engenheiro, inventor, anatomista, pintor, escultor, arquiteto, botânico, poeta e músico.

[11] Steven Paul Jobs foi um inventor, empresário e magnata americano no setor da informática. Notabilizou-se como co-fundador, presidente e diretor executivo da Apple Inc. e por revolucionar seis indústrias: computadores pessoais, filmes de animação, música, telefones, tablets e publicações digitais

[12] Queen foi um Grupo de Rock Britânico fundado em 1970 e recordista de venda de discos. Teve sua formação ativa até 1991 com os músicos Brian May, Roger Taylor, John Deacon e o icônico e genial, pianista e vocalista Freddie Mercury.

a grandiosidade desses homens e mulheres que se dedicam a cuidar do outro.

Quero deixar aqui a minha gratidão e a minha homenagem a todos os profissionais, médicos, dentistas, psicólogos, psicoterapeutas, enfermeiros, nutricionistas, fisioterapeutas, cirurgiões, técnicos que me acompanharam e que seguem me acompanhando. Mãos divinas em um corpo humano. Seres que se dedicam a cuidar do outro, a contribuir com a cura, a pensar em uma realização pessoal a partir do sorriso do outro.

Tive o privilégio de encontrar seres do bem, que estudaram, dedicaram-se a aprender, a praticar e a exercitar a plenitude da vida a partir da vida de outras pessoas.

Assumir a postura de cuidar da saúde exige uma dicotomia de atuação, entre a razão e a emoção, entre a vida e a morte, entre a saúde e a doença. E, todos os dias, esses profissionais precisam escolher o lado bom dessa dicotomia, ou seja, o lado do ser humano, do respeitar o outro, do interferir deixando escolhas, do assumir riscos e de deixar claro um grande pacto de confiança.

A busca pela qualidade do serviço na área da saúde não pode ser nada menor do que a busca da perfeição, porque muitas vezes não há margem de erro, não há espaço para dúvidas, tampouco tempo de maturação entre um diagnóstico e a atuação que pode ser de um tratamento, de uma cirurgia, de uma investigação mais aprofundada.

Quem atua na área da saúde deve sempre ter em mente que os assistidos estão fragilizados com a descoberta de uma doença, de alguma anomalia, de algo que os obrigará a desviar a atenção para si mesmos e, muitas vezes, interromper as atividades diárias, os planos de trabalho, de lazer, de continuidade da rotina.

Qualquer médico é imprescindível e importante, mas aqueles que tratam de doenças graves precisam de ainda mais sensibilidade. Os sentidos impingidos nos tratamentos extrapolam o que se traduz em medicamentos, mas reagem a uma mente em ebulição que precisa da verdade sendo dita de forma compreensível, precisam de acolhimento para aguentar tratamentos e diagnósticos que requerem do organismo mais do que é possível suportar.

Aqueles que lidam com pessoas que precisam de cuidados com a saúde devem compreender que cada ser é único e que não importa quantos pacientes eles tenham, quantas pessoas foram atendidas no dia, quantos casos de sucesso já foram resolvidos ao longo de suas carreiras. Tratar de saúde não é como consertar uma geladeira quando o técnico pode dizer que, das 100 geladeiras reparadas, somente uma não funcionou e por isso a margem de acerto é de 99%, um sucesso! Com gente é diferente.

A estatística humana deve ser lida de trás para frente, porque cada ser é 100% e, quando algo não der certo com alguém, a conta é de 100% de perda. Não há comparação de pessoa para pessoa, mas somente da pessoa para com ela mesma. Eu sou 100% mãe, 100% filha, 100% esposa, 100% professora, 100% amiga... Cada ser é 100% e, por isso, os médicos e todos os envolvidos com a cura cuidam de muitos 100% por dia. Essa é a estatística.

Lidar com a saúde é lidar com a aposta e a espera; com a confiança e com a entrega. É saber que existem pessoas dedicadas e que se preocupam e que existem pessoas necessitadas de cuidados que acreditam ser possível.

A todas essas pessoas que cuidam de mim e de tantos pacientes todos os dias, meu carinho, respeito, admiração e minha mais profunda gratidão.

Carta ao meu marido

Nasci Simone Antoniaci e assim vivi até os 23 anos de idade, quando me casei com Mateus Tuzzo, e daí me tornei Simone Antoniaci Tuzzo, em uma época que era pouco convencional as mulheres não adotarem o sobrenome do marido e, por praticidade social, o Antoniaci foi virando um A., assim, Simone A. Tuzzo, e, muitas vezes retirado, Simone Tuzzo, ou como gostam de me chamar os alunos da universidade, somente Tuzzo!

Isso não é uma forma de dizer que houve uma anulação do que eu era antes do casamento, mas uma tentativa de explicar o quanto duas pessoas podem fundir-se ao longo da vida, principalmente com um casamento de quase três décadas.

Conheci o Mateus por acaso, como as várias histórias de amor que existem no mundo. Conosco, foi a clássica forma de uma amiga em comum que nos apresentou. Eu, no auge dos meus 17 anos, e ele com 21. Éramos diferentes e não gostávamos exatamente das mesmas coisas, mas fomos aprendendo a gostar juntos daquilo que agradava a nós dois.

E, assim, um namoro longo de seis anos, com muitos jantares, passeios, flores, presentes, carinhos, cumplicidade e descobertas sobre a vida, sobre nós, sobre viver com alguém.

Casamo-nos e aperfeiçoamos o desejo pelas viagens. Aprendi a viajar e peguei gosto, mais que isso, virou uma necessidade, algo vital em nossas vidas, que passamos também para nossos filhos e, assim, vivemos até hoje, sempre pensando em qual será a nossa próxima viagem. Viajávamos em dois, depois em três e, agora, em quatro. Cada passeio é único, une, ensina e torna-nos mais próximos.

São as viagens que nos inspiram e abastecem as conversas durante nossas refeições em casa, nossos cafés e nossas reflexões sobre a vida.

Mas a maior viagem que fiz foi mesmo a do casamento, aos 23 anos de idade. Uma viagem cheia de surpresas, de sonhos, de perspectivas, de esperança.

Lá, nessa época do vestido de noiva e ainda cheirando a flor de laranjeira, fiz muitos planos, com o conhecimento e a experiência de alguém de 23 anos de idade. Muitos desses planos concretizaram-se, mas a maioria deles não! E isso é uma frustração? Claro que não! Nem tinham como dar certo, porque a vida tem seu desenho para cada fase, tem seus caprichos para cada situação e tem as suas surpresas para cada dia a ser vivido.

Deus fez muito pouco do que eu pedi, mas fez, sem dúvidas, muito mais e muito melhor do que eu podia imaginar.

Mateus é um homem presente, como pai e como esposo. Participativo e, como no início do casamento, ainda muito diferente de mim. Por isso, completamo-nos, não porque algo me falte, mas porque sua presença me fortalece.

Durante todos os momentos de doenças pelos quais já passei, sim, porque esse não foi o primeiro, já tive hepatite, apendicite, e chatices que o corpo humano vai suportando ao longo dos anos, Mateus estava presente, presente mesmo, com toda força que essa palavra tem. Encorajando e sendo prático para que as coisas continuassem a acontecer da forma mais natural possível. Mantendo a rotina da casa e o respaldo com os filhos para que a ênfase sempre fosse a cura, nunca a doença, sempre fosse a vida e não o que a opõe!

Mateus é um homem de fé e rezou por mim em todos os momentos. Pediu aos anjos e aos santos que mantivesse a nossa casa plena e cheia de saúde e assim mantivesse a nossa linda família com a estrutura de quatro.

Em seus olhos vi angústia, dúvidas, dor, mas também sempre vi confiança e esperança!

Disse anteriormente que peguei o gosto e desenvolvi a necessidade por viagens depois do casamento, e isso tem um motivo. É que, antes disso, na minha infância, aprendi que dinheiro para ser bem gasto deveria ser aplicado em algo que durasse muito. Assim, bens palpáveis, como carro, apartamento, geladeiras e aparelhos de televisão, estavam na lista dos bens que valiam a pena, pois teriam longa duração.

Ao contrário da lista, festas e viagens não eram boas aplicações, pois passariam rápido demais e, após a sua conclusão, foi, passou, acabou.

O tempo foi passando, e fui aprendendo que nem tudo o que é sólido é mais palpável do que várias emoções. A qualidade de palpável não transforma algo em mais tangível do que aquilo que é intangível.

Pensemos, por exemplo, em uma festa. A vivência real, palpável, tangível, une-se aos sentimentos, à experiência e às emoções que o evento provoca. É a comida, a bebida, a música, os aromas e a decoração que aguçam os sentidos que, aliados ao momento, ao seu significado, e à sua representação, ficarão para a vida toda, gravado na mente, incorporados na história de vida de quem viveu.

Viver as emoções supera os bens tangíveis. Os sabores, as alegrias, a conversa, os sorrisos permanecerão mais do que os presentes ganhos na festa, mais do que as joias, as roupas, os perfumes.

Viajar também inclui bens tangíveis, como a comida, a bebida, o bilhete do metrô, mas a marca que uma viagem deixa em nós transcende tudo o que pode ser comprado, tudo o que o dinheiro pode adquirir. Viver é mais do que comprar, mais do que usar, mais do que dormir em um hotel. É experimentar, introjetar, fazer com que os bens materiais se transformem em algo incorporado aos sentimentos. Sentir é transcender a matéria, levar o concreto ao espírito.

Isso não se compra, é único, de cada um. Não dá para viver a viagem do outro, nem pela experiência do outro, nem pelas revistas, nem pelos filmes, nem pelas narrativas. Viajar é uma experiência como o sabor e o saber. Ou se sente e se vive, ou não se sabe.

Por isso, aprendi que um carro, um sofá ou uma geladeira são efêmeros, passam, ficam fora do tempo, envelhecem e são substituídos, não são para sempre, mas uma viagem não, ela nunca passará, nunca envelhecerá, suas emoções, alegrias, curiosidades e experiências são para sempre, sem nada que as substituam. Cada viagem é única e as viagens são eternas!

Assim, minha vida com o Mateus assemelha-se a uma viagem cuja bagagem nós dois carregamos em malas concretas e simbólicas que, ora são pesadas e incômodas, mas, em vários outros momentos, na grande maioria do tempo, elas são leves e agradáveis de levar. Caminhamos por estradas, ruas e caminhos que ora são livres, claros e prazerosos e outras estradas menos empolgantes, com algumas pedras no caminho; mas seguimos na viagem com afeto, carinho e amor. Porque mais do que termos escolhido viajar, nós escolhemos viajar juntos!

Parte 5

E POR FIM, QUAL É O SABOR DA JACA?

Comi a jaCA por obrigação e não por opção e, claro, tudo aquilo que se é forçado a fazer tende a não ser prazeroso.

A primeira lição foi nunca me colocar como vítima, mas sim como um ser que passa por uma experiência e que deverá comportar-se como um aprendiz, como a protagonista e dona de uma situação em que terá que fazer escolhas. Comer com muito prazer e gratidão as sopas diárias como forma de alimentar um corpo que precisa estar saudável. Mastigar e engolir quando a boca e a garganta insistiam em afirmar que não era possível.

Agradecer por cada refeição, por cada copo d'água, por cada comprimido diário. Contar cada dia de tratamento como um a menos e assim, no primeiro dia de uma sequência de 30 sessões de radioterapia, poder dizer:

– Obrigada meu Deus, agora só faltam 29 aplicações. Amanhã será melhor e será uma a menos.

Alguns diziam que isso era ansiedade. Pode ser. Mas era a forma de me posicionar sempre com a cabeça e o olhar fixos na linha de chegada e pensar que o ponto de partida já tinha ficado para trás e que estaria a cada dia mais distante, pois o fim ficava cada dia mais perto.

O sabor da jaCA mudou o sabor de tudo, das comidas, bebidas e da forma física de saborear, mas também mudou o sabor do amor, da alegria, das vitórias, das conquistas, da tristeza, da perfeição e da imperfeição. Nada fica como está, e os olhos descortinam-se, aflorando um novo horizonte, com novas possibilidades e novas formas de resolver o cotidiano.

No começo, comer a jaCA era algo muito difícil, que parecia impossível, e a jaCA era imensa, muito maior do que qualquer ser humano poderia digerir. Olhava para a jaCA e nem sabia como segurá-la, como abraçar, morder, dar o primeiro passo. Após a primeira mordida, fomos conhecendo-nos e, desde o princípio, firmei com ela um pacto para que fosse possível estabelecermos uma relação que teria a mim como dominadora e ela como um ser que minguaria, que eu devoraria com voracidade, tal qual ela quis mostrar que faria comigo.

Nesse momento de identificação mútua, as mãos passam a abraçar com mais força, as mandíbulas abrem-se, e a mordida torna-se possível. O líquido da jaCA começa a escorrer, e ela vai ficando muito frágil, pequena, sem força.

A força da jaCA passa a ser sua, de quem domina, e, assim, é possível voltar a fazer planos para o que fazer quando o banquete acabar, e a jaCA não mais existir, quando ela não fizer parte do cardápio, e novos sabores passarem a compor a mesa.

A gente passa a fazer uma lista, ora escrita, ora imaginária, do futuro que, agora, torna-se o dia seguinte. Os planos não são mais para daqui a 10, 20 ou 30 anos, são para a próxima semana.

O futuro chega, e o que se pensava para a velhice passa a ser a prioridade. A aposentadoria, a casa dos sonhos, a forma de vida, a vontade de fazer tudo aquilo que ainda não foi possível e que é constantemente adiado. A vida passa a ser hoje! E assim a vida segue...

A vida que segue

Os caminhos de Deus são misteriosos, mas estão sempre a nosso favor!

Crendo nisso, percebo que Deus mandou-me uma cura em forma de doença.

Durante o tratamento, com as cirurgias, com os incômodos, mas principalmente por ter que travar batalhas diárias de superação, fui percebendo que os pequenos problemas do dia a dia, coisas e acontecimentos corriqueiros que eu julgava relevantes, como as preocupações com detalhes que ocupavam a minha mente, meus dias, minhas horas e meu coração, deixaram de ser importantes.

Quando se tem uma preocupação real, uma necessidade de foco justa e fundamental, o periférico deixa de ter relevância, e as coisas que realmente importam, como a saúde, o amor dos filhos, a paz interior, a paz com as pessoas, afloram e cada dia parece importante na construção de um ser humano melhor.

Em cada dia do tratamento em que eu louvei a Deus por estar bem e por estar viva, qualquer acontecimento cotidiano, como a limpeza da casa, o barulho da rua, a raiz do cabelo que já aparecia e mostrava os cabelos brancos, os quilos a mais ou a menos na balança, o sabonete preferido que eu esqueci de comprar, não fazia a menor diferença, porque eram detalhes de uma vida muito mais plena, muito mais rica, muito mais cheia de coisas boas de um ser acima de um ter.

Meu corpo não é mais o mesmo, sinto algumas dores nos ombros, desconforto no braço, alterações no paladar e na saliva, alguns incômodos no pescoço, inchaço no rosto e uma leve dificuldade para falar. Alterações sutis, que pouco alteram a minha rotina, minha vida e minha disposição por realizar as tarefas corriqueiras.

Diante de tudo o que ocorreu, Deus operou o milagre e consigo falar, comer, mastigar, mover os braços e o ombro, não tive perda de nenhum dente apesar de receber radiações na boca, enfim, as alterações são absolutamente superáveis, requerendo apenas o hábito e a espera de que tudo isso ainda melhore com o tempo. Aliás, o tempo, senhor de tudo, que me ensinou que nem sempre nossos relógios marcam o mesmo compasso.

Parei de focar naquilo que me falta e busquei agradecer a Deus por cada instante de vida e por tudo que tenho. Se já fazia isso antes? Mais ou menos. Agradecer sim, mas focar naquilo que eu não tinha e que desejava, sempre foi muito importante. E acho que deve ser, pois o ser humano motiva-se a buscar o que não tem, a fim de crescer, desenvolver-se e aprender cada dia mais, a ambição saudável e controlada não é um mal, mas um incentivo de ser melhor. Mas a ênfase é outra, passa a ter limites e, assim, mostrar que aquilo que falta é muito menos do que aquilo que se tem.

Agradecer passou a ser uma alegria diária, não voltada somente para as coisas especiais, mas por tudo aquilo que é do cotidiano. Agradecer o comum, o corriqueiro, e não somente o extraordinário, porque extraordinário mesmo e especial é estar vivo e com saúde plena.

A vida que segue pouco se parece com a vida que foi, mas a vida que foi é muito importante para se reconhecer as mudanças na vida que segue. E, assim, viver cada dia com a graça e a leveza que sempre deve haver. Viver com a grandiosidade da plenitude da vida, pois, como já dizia Benjamin Disraeli: "A vida é muito curta para ser pequena".

REFERÊNCIAS

ALMEIDA FILHO, Naomar. **O que é saúde**. Rio de Janeiro: Fiocruz, 2011.

COELHO, Tom. **O sabor do saber**. Tom Coelho palestras e treinamento. 31 ago. 2003. Disponível em: http://www.tomcoelho.com.br/index.aspx/s/Artigos_Exibir/5/O_sabor_do_saber. Acesso em: 7 abr. 2019.

COSTA, José André da. **Sabor, Saber, Sabedoria**: Reflexões sobre temas do cotidiano. Passo Fundo: Ifibe, 2006.

APÊNDICE

Primeiros exames em novembro de 2018

Antes da primeira cirurgia

Tomografia computadorizada do pescoço

Resultado

Ausência de linfonodomegalias nas cadeias estudadas

Resultado da biopsia da cirurgia para extração do tumor externo à língua (1ª cirurgia)

Histopatológico (Biopsia) do tumor externo à língua

Fragmento irregular branco-avermelhado e elástico, medindo 1,0 x 0,8 x 0,5 cm

Nota-se lesão vegetante

Carcinoma espinocelular (escamoso) invasor

Grau histológico: II (2)

Resultado da biopsia da cirurgia para extração da margem cirúrgica do tumor (2ª cirurgia)

CEC de língua + Líquen plano

Recebemos para exame macroscópico 01 segmento de tecido, de forma irregular, coloração pardo acastanhada, consistência fibroelástica, medindo 3,3 x 3,0 x 1,0 cm. Segmento apresentando área irregular pardo clara medindo 3,0 x 3,0 x 0,2 cm de aspecto retraída medindo 0,8 x 0,6 cm. Área irregular pardo clara dista 0,1 cm da margem mais próxima.

Diagnóstico:

Lesão: quadro histopatológico condizente com Carcinoma Escamocelular (CEC) bem diferenciado com invasão inicial do estroma

Profundidade: 0,6 mm

Na periferia desta lesão observam-se alterações epiteliais displásticas e denso infiltrado inflamatório consistente com Líquen plano

Margens cirúrgicas periféricas e profundas: Livre

Exames realizados em março de 2019

Exames solicitados para paciente com diagnóstico prévio de CEC de língua, em avaliação pós-cirúrgica

– Citologia aspirativa de lifonodo (PAAF, região cervical, nível III à direita)

Conclusão: Quadro citológico suspeito para malignidade com presença de células epitelioides de natureza incerta

Complemento:

– Ultrassonografia das glândulas salivares e PAAF

Linfonodo heterogênio em nível III direito de aspecto inespecífico

– Ultrassonografia do pescoço (Estudo Doppler)

Linfonodo ectasiado no nível III a direita com obliteração parcial de gordura e vascular hilar. Outros três linfonodos ectasiados são identificados no nível III (um) e I a direita (dois submandibulares) com hilo e vasculatura preservada

– TC (Tomografia computadorizada do pescoço)

Linfonodo proeminente no nível III à direita. Linfonodo patológico? Linfonodo reacional? Correlacionar com os dados clínicos e laboratoriais.

– PET/CT (Tomografia por emissão de pósitrons associada à tomografia computadorizada)

Evidenciam-se linfonodos cervicais com aumento da concentração de FDG-18F, o maior localizado no nível cervical III à direita, medindo 2,1 x 1,1 x 1,0 cm, nos seus maiores eixos, com SUV de até 7,9 e outro, de pequenas dimensões, localizado no nível cervical II à direita, medindo 1,5 x 0,7 x 1,0 cm nos seus maiores eixos, com SUV de até 3,1.

Outros dados

Após a descoberta do CEC de língua foram feitos exames de:

Exame imuno-histoquímico da língua extraída

Resultado p16 (6H12) – Negativo

Captura híbrida para HPV de toda a boca

Resultado: Negativo

Ausência de DNA-HPV para os tipos virais pesquisados

Resultado da biopsia da cirurgia para esvaziamento cervical à direita (3ª cirurgia)

Indicação clínica: Paciente com metástase cervical nível III à direita.

Feito esvaziamento cervical à direita.

Hipótese diagnóstica: Metástase de CEC

Macroscopia: Recebemos para exame macroscópico 01 segmento de tecido, de forma irregular, coloração castanho amarelada, consistência elástica, medindo 10,0 x 6,0 x 2,0 cm. Aos cortes foram isolados 21 linfonodos, medindo 2,5 cm de diâmetro o maior. Nota-se ainda a presença de glândula medindo 4,0 x 3,0 x 2,0 cm.

Incluímos o material:

– Linfonodo: 4B/21T

– Glândula: 1B/1T

Coloração: HE

Diagnóstico: Linfonodos cervicais à direita (Total de 21 linfonodos)

Metástase de Carninoma de Células Escamosas (CEC) em 3 linfonodos de 21 dissecados (3/21)

Glândula salivar: Sem particularidades

Peças: 05

Para acompanhamento odontológico foram realizadas radiografias de todos os dentes e também uma radiografia panorâmica

Tratamento Radioterápico

Realizado na técnica denominada Radioterapia com Intensidade Modulada de Feixes (IMRT), no período de 16/05 a 09/07/2019, composto por 30 aplicações, com dose diária de 2 Gy, até a dose total de 60 Gy, em campos de cavidade oral e drenagens linfáticas.